史要增註卷六

荆溪任啟運輯　　邑後學吳兆慶纂註　　族孫麟徵增註

元凡十四主共一百六十二年起宋寧宗開禧二年丙寅終元順帝至正二十六年丁未混一止八十八年起世祖至元十七年庚辰終順帝至正二十六年丁未　祕史元始祖乃蒼白狼黲白鹿相配而生二十五世遂生太祖

元之太祖姓奇渥溫【註】太祖姓奇渥溫氏名鐵木眞蒙古人初爲金察兀禿魯猶中國招討使【增註】時有獸鹿形馬尾綠色而獨角能爲人言鐵木眞怪之以問耶律楚材對曰此獸名角端日行萬八千里解四夷語蓋上天惡殺遣告陛下

滅國四十用兵如神【註】平西夏定西域滅乃蠻部分遣諸子攻克西域滅回回等國共四十國兵日强盛史臣曰帝用兵如神其奇功偉績甚衆【增註】時有木華黎博爾朮博爾忽赤老溫四臣以忠勇稱號爲掇里班曲律猶華言四傑也其後子孫世領宿衛號四怯薛猶言分番宿衛也出宮則爲輔相

奄有西夏斡難稱尊【註】來理宗寶慶三年滅夏以夏主晛歸遂盡有西夏地大會諸部于斡難河自號成吉思可汗是爲太祖在位二十四年崩三子窩闊台立是爲太宗

太宗仁儉信任賢臣【註】帝視民如子恭儉寬仁任官惟賢

惟中建學楚材救民【註】楊惟中建太極書院於燕京時濂溪周子之學未至河朔惟中川師于蜀湖荆漢得名士數十人請趙復爲師選俊秀有識度者爲道學生由是河朔始知道學　中書令耶律楚材奏請立官校儒士

於諸路一衡量立鈔法定均輸民以蘇息軍士病疫以大黃布之活萬餘人楚材天資英邁每陳國家利病生民休息辭甚懇切太宗嘗曰汝又欲爲百姓哭耶卒贈太師封寧王諡文正【增註】拔德安得趙復時稱爲江漢先生不欲北行力求死所姚樞解說百端曰徒死無益隨吾而北至燕名益大著按楚材乃遼東丹王突欲八世孫金尚書右丞履之子太祖謂之曰遼金世讐吾爲汝報之對曰臣祖父嘗北面事之敢懷二以讐君父耶後馬眞后稱制憤悒成疾卒或以爲相二十年貢奉皆入私門及視其庫惟名琴數十張古今書畫金石遺文數千卷耳

滅金侵宋國勢益興【註】宋理宗端平元年滅金遂侵宋全有中原恢廓先烈國勢赫然興起在位十二年崩

定宗受制母后馬眞【註】六皇后乃馬眞氏稱制四年太宗長子貴由立是爲定宗母氏仍臨朝國事悉委之稱制四年【增註】太宗崩六皇氏斷割重器定策帷帟法度不一中外離心而射利耽之華人皆受制於婦女頑鈍無耻世盡純陰五六載變大禍興往古未有也

繼遭大旱民不聊生【註】奧都剌合蠻專政時大旱赤地千里飛蝗四起在位三年卒皇后抱太宗四子失烈門聽政后斡兀海迷失稱制二年時久不立君中外洶洶諸大臣推太祖四子拖雷之長子蒙哥即位是爲憲宗【增註】憲宗因諸王擁立分封宗屬委任太弟秩有成規洵中興賢主也惜慘刻少恩方董夔門之師遽來鼎湖之泣蓋世雄心一旦而賫志沒焉嗟何及哉

憲宗雄毅安南用兵【註】帝殺定宗后斡兀海迷失窴失烈門於沒脫赤史臣曰帝剛明雄毅沈斷寡言御羣臣甚嚴后妃不許過制伐安南自吐蕃進及白蠻烏蠻鬼蠻諸部所向風靡得五城八府四郡蠻部三十七在位九年崩帝忽必烈立是爲世祖【增註】世祖始建元曰中統至元

世祖英武區宇盡平【註】帝至元十六年滅宋宋主昺祥興

之二年也定都於燕取易乾元之義國號元渾一區宇

遂成一統【增註】帝繼宋統而主中國混一區宇開十傳之統緒自古以來未之有也 但帝性

奸殺叉不相漢人不設諫官淫汙宸極四維盡亡尊重胡僧烝亂諸母七道八娼九儒十丐作妖書以毀上帝

貶孔聖爲中賢先儒謂其虐埒秦政非刻論也 后弘吉剌氏有賢德上與約曰弘吉氏生女世爲后生男世

尙公主宋幼主朝於上都大宴后不樂誥之曰自古無千歲不亡之國毋使吾子孫及此幸矣

天澤希憲武緯文經【註】平章軍國重事史天澤毅然以天

下自任出入將相五十年上不疑下無怨人以比郭子

儀曾彬卒諡忠武追封鎭陽王 平章政事廉希憲文

才贍裕伯顏嘗曰廉公宰相中眞宰相男子中眞男子

卒諡文正【增註】帝命希憲受帝師八思巴僧戒對曰臣已受孔子戒矣帝曰孔子亦有戒乎曰

爲子當孝爲臣當忠孔子之戒如是而已

秉忠竇默姚樞許衡伯顏宏範文炳李恒【註】太保劉秉忠

好學至老不衰雖位極人臣淡然如平昔精陰陽術數

占事知來卒贈太傅趙國公諡文貞 昭文館大學士

竇默論國家大計面折廷諍人謂可比汲黯卒諡文正

翰林學士姚樞卒諡文獻 集賢殿大學士許衡本

宋臣仕元爲國子監祭酒卒諡文正嘗語其子曰我爲

虛名所累不能辭官死後愼勿請諡立碑但書許衡之

墓四字足矣 知樞密院事伯顏深沈有謀略善斷將

三十萬衆伐宋諸將仰之若神明還朝未嘗言功卒諡

忠武 都元帥張洪範勤勞王家功施社稷卒諡獻武

副將董文炳屢立戰功 脫歡兵擊陳日烜敗之入

其城日烜遣兵來追尙書左丞李恒力戰死【增註】衡字平仲

懷之河內人也世爲農幼有異質七歲入學問其師曰
讀書何爲師曰取科第耳曰如斯而已乎及長從姚樞
得讀程朱書恍然以道自任曰綱常不可一日亡於天
下苟在上者無以任則在下之任也　嘗言人心如印
板然板本不差雖摹千萬本皆不差本既差矣摹之於
紙無不差者　伯顏破宋同北詩云馬首經從嶺鳥歸
王師到處盡平夷擔頭不帶江南物只插梅花一兩枝
留夢炎宋狀元宰相趙孟頫孟適宋宗室背義貪榮
元翰林承旨然仁夫字觀復永新人作琵琶亭詩刺之
云老大蛾眉失所天至今遺恨寄哀絃江心正好彈明
月又抱琵
琶過別船

定歷守敬奉使郝經【註】太史郭守敬創簡儀仰儀及諸儀
表制度精巧爲古人所未及　行人郝經奉使至宋賈
似道拘之被留十六年不改其節後遣還卒于燕謚文
忠【增註】初汴中民射雁金明池得經在眞州繫帛書詩
曰露落風高恣所如歸期回首是春初上林天
子援弓繳窮海纍臣有帛書　經謂其介佐曰死生進
退聽其在彼守節不屈盡其在我汝等不幸當忍死以
待但揆之天理人
事宋祚殆不遠矣

超然不仕仁山一人【註】金履祥少從學同郡王柏何基之
門二人蓋深得朱子之傳者以宋將亡絕意進取屏居
金華山中仁山之下當時宋宗室趙孟頫字子昂有文
學世祖訪江南知名之士而擢用之及張伯淳等二十
餘人皆仕於元堅貞不仕者仁山一人而已　帝在位
三十五年承正統十五年崩太子眞金早卒皇孫鐵木
耳立是爲成宗【增註】建元元貞大德　昔者王珪魏徵
不死建成之難君子猶或非之孟
頫以宋宗室而仕元無恥孰甚焉雖書畫精妙惡可取
履祥字吉父婺之蘭溪人其先本劉氏避吳越錢鏐
嫌名更爲金氏幼而敏睿長自策厲凡天文地理禮樂
田桑兵謀陰陽律歷靡不畢究及壯知向濂洛之學事
同郡王柏後登何基之門基則學於黃幹而幹親承朱
子之傳者也襄樊圍急進牽制擣虛之策宋不能用及
將改物屏居金華上下山谷追逐白雲寄情嘯詠嘗謂
劉恕外紀不本於經斷自尙書旁採子史作通鑑前編
於論孟大學諸經各有註疏大德
中卒謚文安學者稱爲仁山先生

成宗善守武多變更【註】成宗謹守基業在位十三年崩兄子懷寧王海山立故太子眞金之孫答剌麻八剌之子是爲武宗建元至大　武宗更變祖宗成法置尚書省太子右衛率府又嘗加封孔子爲大成至聖文宣王【增註】福建平章高興言漳州漳浦縣南大梁山產水晶乞割民百戶採之成宗曰不勞民則可勞民則勿取也　帝承混一之後憂國愛民眞守成令主末歲寢疾沈諂諛之詞牽帷牆之制赤子陷危寇氛四起其不遽亡國者蓋去世祖英武猶未遠初政尚可觀耳　武宗慨然欲創治改法而有爲故其封爵太濫賜賚太多至元太德之政稍有變更焉如加宦官以司徒授伶人以平章任西僧毆官辱妃反降旨曰毆僧者斷手詈僧者截舌是豈敬天勤民之所爲哉　宦者李邦寧代祀孔廟方就位忽大風起殿廡燭盡滅燭臺底鐵鐏入地尺許久乃成禮或曰仁宗時事

李孟長者阿沙直臣【註】平章政事同知樞密院事李孟以國事爲已任見賜予太廣名爵太濫勸帝當省刑賞帝

欲痛剗除之孟曰吏亦有賢者在激厲之而已帝曰卿保護如此眞長者之言也每入見稱道復而不名　丞相阿沙不花見帝容顏日悴惟酒是娛乘間言之帝悅曰非卿孰爲朕言因命進酒不花頓首謝曰方勸陛下節飮而反勸之臣死不敢奉詔左右皆賀得直臣　帝在位四年崩弟愛育黎拔力八達立是爲仁宗建元皇慶延祐【增註】阿沙不花曰陛下八珍之味不知御萬金之身不知愛而惟麯蘖是耽嬪妃是好是猶兩斧伐孤樹未有不顚仆者縱不自愛獨不思祖宗付託之重天下仰望之切乎

仁宗慈孝恭儉愛民【註】帝奉太后以孝待臣下以慈聰明恭儉禁諸王毋得以農時出獵擾民凡前所括民田悉還之民中外大悅【增註】上卽位李孟曰陛下御極物價頓減方知聖化之速上曰朕踐祚未匝月豈有此理託卿非重此也　帝天性恭儉通達儒術不事遊畋不喜征伐不崇貨利事皇太后終身

不違顏色待宗戚勳舊終始以禮有司奏大辟每惨惻移時其孜孜爲治一遵世祖之成憲云 上嘗諭中書省臣曰御史台一時公論國史院萬世公論延祐二年詔以經書試士分四聯八股爲文以三百字爲度仿唐試詩六韻初上監國時命李孟參知政事孟以未見武宗顏色不敢冒大任遂逃匿許州之陘山後侍宴上戚然改容武宗曰弟何不樂曰賴祖宗神靈神器有歸致今日母子兄弟之懽者李道復之功居多今忽之不自知其變於色也武宗曰此祖妣令爲朕賓師者宜速任之乃搜訪而出

十賢從祀國子增生【註】建崇文閣於國子監以宋儒周敦頤程顥程頤張載邵雍司馬光朱熹張栻呂祖謙許衡十人同祀孔子廟廷增定國子生額爲三百人增陪堂生二十人通一經者以次補伴讀著爲式命秦國公李孟領國子學 帝在位九年太子碩德八剌立是爲英宗【增註】建元至治 詔行科舉定以秋期鄉試明年春會試後世二八月始此

英宗剛果廟亨克誠【註】帝剛愎自用果于殺戮御史觀音

保鎖咬兒哈的迷失成珪李謙亨等以敕建西山佛寺極諫帝怒殺觀音保等杖珪謙亨流奴兒干地 元年恭謝太廟備法駕服袞冕以行禮至仁宗室輒欷歔流涕左右莫不感動【增註】帝性至孝仁宗不豫焚香告天泣願身代及嗣位事多明斷然以果於刑戮奸黨畏誅遂搆大變 帝御大安閣見太祖世祖遺衣皆縑素木棉重加補綴歎曰祖宗創業艱難服用節儉乃如此朕焉敢頃刻忘之上居喪失烈門請更朝官上曰此豈除官時耶且先帝臣何得輕動又也先不花請行新政上曰先帝所行多善政毋遽更張

吳澄論佛養浩諫燈【註】時方書金字藏經詔翰林學士吳澄爲序澄論佛乃異端惑世今撰爲文辭何以示後世拒詔却之 帝欲以元夕張燈禁中尙書張養浩諫卽罷之賜金帛以旌

弒於鐵失拜住殉君【註】初太師鐵木迭兒奸貪平章蕭拜

住中丞楊朶兒只劾罷之仁宗崩鐵木迭兒卒拜住獨
相御史大夫鐵失等以奸黨不自安帝自上都還駐蹕
南坡鐵失殺拜住弑帝於卧所英宗在位三年諸王立
故太子眞金之孫也先鐵木兒是爲泰定帝【增註】建元泰定致和　初武宗有二子長和世㻋次圖鐵睦爾方傳仁宗時約以次傳於和世㻋仁宗延祐三年議建儲鐵木迭兒欲固位取寵乃議立英宗　英宗相拜住嘗曰今亦有唐魏徵之敢諫者乎拜住曰盤圓則水圓盂方則水方有太宗納諫之君卽有魏徵敢諫之臣帝善之

泰定誅逆時稱治平【註】帝立誅鐵失及其黨憫忠恤賢省
刑薄斂在位五年崩武宗子和世㻋立是爲明宗初封
周王出鎭雲南大臣燕帖木兒議武宗二子當立會明
宗未至猝迎帝弟懷王圖帖睦耳攝位卽文宗也文宗
遣使迎兄明宗卽位于和寧之北立弟文宗爲太弟【增註】帝在位災異迭見然守成法以行天下無事稱治平焉　初鐵失謀逆疑帝與謀及立卽翦除逆奸法當乎埋故英宗后赤刺氏謝表有英魂載目寧不悵嘯乎九閽之語惟尊西僧爲帝師謂蒙古家法如此致省臣奏有民貧僧富之語蓋梵宇之修至帝益增賣貼百姓之兒婦者不知幾千萬也

明宗暴死文宗卽眞【註】行次旺忽察都文宗入見明宗暴
卒在位僅八月疑文宗所弑　燕帖木兒聞哭聲卽奔
入帳中取寶璽扶文宗上馬南馳復卽位【增註】建元曰天歷至順　文宗立各處盜起文謂后曰此輩鼠竊滿腔是天子之心

仲舒列祀啟聖稱尊【註】元年以董仲舒從祀孔子廟廷詔
加孔子父叔梁紇齊國公爲啟聖王母顏氏啟聖夫人
顏子兗國復聖公曾子郕國宗聖公子思沂國述聖公
孟子鄒國亞聖公程顥豫國公程頤洛國公

魯䛕祭酒范郭獨行【註】字木魯䛕久居太學士民向化

范椁授閩海道知事郭鈺以茂才徵不赴稱靜思處士

帝復位五年崩明宗次子懿璘質班立是爲寧宗【增註】西僧至帝命朝臣郊迎咸俯伏進觴魯翀舉觴立進曰帝師釋迦之徒天下僧人師也予孔子之徒天下儒人師也請各不爲禮帝師笑而起舉觴卒飲衆爲之栗然文宗崩后立明宗子鄜王一月崩燕帖木兒請立皇子燕帖古思后曰吾子幼妥懽帖睦爾在廣西今年十三矣且明宗長子理當立乃遣使迎之兩次舍子不立文宗弑兄之心可白矣

寧宗早天順帝不君【註】寧宗在位一月薨明宗長子妥懽帖木兒立是爲順帝性柔怯荒於酒色委政權臣【增註】建元曰元統至元至正　帝工巧絶倫舟製龍形行時首眼口爪尾皆動又製宮漏造木爲匱藏壺其中運水上下匱上設三聖殿匱腰立玉女捧時刻籌時至輒浮水而上左右兩金甲神一懸鐘一懸鉦夜則[illegible]能按更而擊鳴鐘鉦時獅鳳在側者皆翔舞東西有日月宮飛仙六人立宮前遇子午時自能耦進度仙橋達三聖殿復退立如前其精巧皆出前人意表

時有儒者許謙白雲【註】許謙受學於金履祥屏跡華山四方之士爭以不及門爲恥中外名臣章數十上有司請主文衡不報人稱白雲先生卒謚文懿

彭吳張杜甘於隱淪【註】彭炳不樂仕進吳萊署饒州路長薌書院山長張雨棄家登茅山授大洞經籙張樞被徵不赴杜本以薦不赴皆甘於避世者

歐黃虞揭文學著稱【註】翰林學士承旨歐陽玄卒謚文學士黃溍卒謚文獻奎章閣侍書學士虞集卒謚文靖侍講學士揭傒斯卒謚文安皆以學問文章名當世

巎巎勸學公遷博聞【註】翰林學士承旨巎巎嘗勸帝就學朱公遷爲金華郡學正於經傳子史及禮樂律歷制度無不通貫【增註】帝欲觀畫巎巎以比干圖進一日帝見宋徽宗畫稱善巎巎曰徽宗多能

惟一事不能帝問之對曰獨不能爲君耳其隨事規諫類如此

伯顏弄政哈麻縱淫【註】秦王伯顏擅作威福弒后伯牙吾氏貶宣讓威順二王殺郯王徹徹篤專權自恣　右丞哈麻進西番僧於帝僧教行房中運氣之術號演揲兒法又進僧加璘眞善秘密法帝皆習之【增註】教宮女爲天魔舞

伯顏蔑兒吉䚟氏官太師總朝綱予奪擅殺一無顧忌其從子脫脫深憂之請於父馬札兒曰伯父驕縱已甚萬一天子震怒吾族赤矣曷若於未敗圖之其父以爲然復質於其師吳直方曰傳有之大義滅親大夫但知忠於國耳餘復何顧脫脫乃與帝謀誅之草詔數伯顏罪狀命官賫赴柳林黜爲河南行省行次眞定父老捧卮酒以進伯顏問曰爾曹見子殺父事乎對曰不會見子殺父惟聞有臣弒君伯顏有慚色

脫脫廢死盜賊莫禁【註】右丞相脫脫戮力疆場與哈麻不協哈麻使御史誣劾之安置淮南竄雲南矯詔殺之自後災異迭見天雨氂雨血雨毛雨黍黑色皆取食之雨

雹大如拳有人畜獅象等形彰德李生瓜棗陽童暴長黃陵崗石人出盜賊滋起如潁州劉福通蕭縣李二羅田徐壽輝等【增註】十四年春正月汴河冰皆成五色花草如繪畫三日乃解六月彰德李實如黃瓜先是童謠云李生黃瓜民皆無家　時因河決開黃河故道童謠云石人一隻眼挑動黃河天下反及漕運使賈魯治河果於黃陵崗得一眼石人而羣盜起矣棗陽縣襄陽府屬民張氏婦生男甫周歲暴長四尺許容貌異常皤腹臃腫見人嬉笑如世俗所畫布袋和尚云

宋有韓林夏明玉珍【註】欒城韓林兒稱宋帝都亳州凡十年爲張士誠所攻明太祖挾之去又三年卒起元順帝至正十五年乙未終二十六年丙午　隨州明玉珍據成都稱帝國號夏傳子昇共九年起元順帝至正二十三年癸卯終明太祖洪武四年辛亥【增註】林兒父山童詭稱宋徽宗八世孫僞詔云韞玉璽於海東取精兵於日本貴極江南富誇塞北又曰虎賁三千直搗幽燕之地龍飛九五

重開大宋之天

漢陳友諒吳張士誠 註 陳友諒徐壽輝之臣弒而自立稱
帝國號漢傳子理共五年爲明太祖所滅封歸德侯起
元順帝至正二十年庚子終二十四年甲辰　張士誠
據平江今蘇州稱周王後稱吳王凡十五年爲明太祖
所滅起元順帝至正十三年癸巳終二十七年丁未 增
註 友諒沔陽人世爲漁子泊舟磯下有鳥呼曰陳皇帝
士誠小名九四泰州白駒場人初降元授太尉以
王敬夫蔡彥文葉德新爲參軍時有十七字詩
云丞相作事業專用王蔡葉一夜西風起乾鼈

福建友定廣東何眞 註 元平章政事陳友定守福建汀州
八閩爲明將湯和廖永忠所拔送至京師斬之　廣東
行省左丞何眞守福建征虜將軍廖永忠諭以利害遂
降擒海寇邵宗愚數其殘暴斬之廣人乃大悅 增註 友定

字安國福淸人少孤病頭瘡傭於富室羅氏與羣兒戲
設隊伍羅奇之將以爲壻嫗曰頭病耶足壻耶因失鶩
奔於鄭鄭夢虎踞門視之定也自於羅竟壻之爲人勇
忱守汀州積功封福建行省平章政事兵勢日盛明遣
參將胡深入閩深戰沒洪武元年命湯和等進兵友定
戰不利被擒其子自將樂來就死并送京師太祖詰之
曰元已亡若爲誰守殺我胡將軍又不納使者今何憊
也定恚曰已矣無多談安得加我死乎遂并其子殺之
初海邊有山不生草木名楊嶼諺云
楊嶼靑出海精無何鬱然其年國珍生

山東毛貴浙東國珍 註 至正十八年宋將毛貴陷膠州萊
州益都濟南般陽路據濟南置屯田三百六十處爲趙
均用所殺　方國珍授浙江行省參政討張士誠
降命還治慶元兼領溫台全有三郡之地後降明 增註
國珍黃巖人世
以販鹽爲業

思齊擴廓衆專征強 註 李思齊爲平章政事邠國公河南
王擴廓帖木兒總制諸路軍馬調張良弼等不應擊之

良弼與思齊連兵以拒初太子出奔欲自立不從及還京欲以其兵脅帝禪位又不從故太子深銜之及屢促出師江淮擴廓不行與良弼等搆兵不已朝廷疑之命太子總制天下軍馬擴廓止領本軍令諸將分兵拒守擴廓拒不受未幾奪其軍　思齊擴廓二人惟力服人士卒苦之明太祖嘗謂擴廓爲眞男子 增註 明破元都後移兵太原擊走擴廓帖木兒太祖詢天下奇男子或曰徐常太祖曰徐常吾得而臣之如王保保者眞男子也王保保即擴廓爲元鎮大同擁兵塞上數爲邊患終身不降

死封疆者不花澤民余闕福壽搏霄的斤 註 爲元守封疆死者如江東廉訪使楮不花扞禦淮安力盡城陷爲賊所衊　婺源汪澤民以禮部尙書致仕居宣城長槍賊起攻陷寧國被執大罵不屈死謚文節　淮南行省左丞余闕守安慶孤城六年無援天完將陳友諒兵至陷之力戰死謚忠烈　南臺御史大夫福壽以明太祖陷金陵死於兵　河南行省右丞董搏霄以宋將毛貴破濟寧路拔劍督戰爲賊刺殺無血惟見白氣沖天　江東廉訪使伯顏不花的斤以陳友諒攻信州自衢往援城陷力戰死 增註 時有蔡子英者永寧人元亡從擴廓走定西明克定西亡入南山帝繪形求得之傳詣京師道亡變姓名賃舂久之復被獲械過洛見湯和長揖不拜和怒燒其鬚不動其妻適在洛請與相見弗顧至京師脫械禮之授以官不受退而上書曰身本布衣知識淺陋過蒙主將知仕至七命躍馬食肉十有五年愧無尺寸以報國士之遇及亡國又復失節何面目見天下士管子曰禮義廉恥國之四維今陛下創業垂統正當挈持大經大法垂示子孫臣民奈何欲以無義禮寡廉恥之俘因而厠之新朝士大夫之列哉臣分宜自裁陛下待臣以恩禮臣固不敢賣死立名亦不敢偷生苟祿若察臣之愚全臣之志禁錮海南畢其餘命則雖死之日猶生之年館之儀曹一夜大哭不止人問其故曰思舊君耳帝知不可奪命有司送之出

寒令從故主於和林　危素字太朴金溪人元翰林學
士降明仍故官一日上御東閣側室聞履聲橐橐上問
爲誰對曰老臣危素上曰是爾也朕謂文天祥耳元已
亡何不守余闕墓去　余闕字廷心合肥人　宋濂曰
闕守孤城逾六年大小二百餘戰戰必勝其所用者不
過民兵數千激之以忠義故甘心效死而不可奪雖不
幸城陷以死而其忠精之氣固自若也然闕死於君而
能使妻死於夫子死於父忠孝貞節萃於一門較之晉
卞壼又似過之嗚
呼闕其人豪也哉

不花二李無愧魁名【註】台州路達魯花赤泰不花與方國珍戰於澄江中頸而死謚忠介　江州總管李黼以天完徐壽輝陷城罵賊死謚文忠　高郵知府李齊以行省强至張士誠軍說降至則士誠下齊於獄時士誠已據高郵詔赦之齊說百端終無降意士誠呼齊跪齊大罵不屈死時論大科三魁若黼泰不花及齊皆爲不負所學

戊申八月明入燕京【註】至正二十八年戊申八月明太祖統兵至通州遂入燕京

上都先遯惠宗尙存益王被獲部屬分明【註】明兵入燕帝大懼開建德門北奔如上都駐應昌二年而殂謚惠宗　明常遇春等追至北河擒皇孫益王買的里八剌而還　初遇春等進克元都元主集后妃皇太子避兵北去詔淮王帖木兒不花監國慶童爲左丞相同守京城不降被殺元亡【增註】明太祖先以書與帝開示禍福順帝答
以詩夜開建德門北去　八剌明封爲
崇禮侯數年後太祖遣歸曰歸見爾父母以全骨肉之
恩　初李文忠捷書至羣臣稱賀帝命嘗仕元者勿賀
八剌至京師羣臣獻俘帝曰武王伐殷用之乎省臣對
唐太宗嘗行之帝曰是待王世充耳若遇隋之子孫恐
不爾也令以本服朝見賜冠帶
母妃皆朝中宮賜第龍光山

一統中外八十九春【註】自世祖辛巳滅宋至戊申亡士中

史要增註卷七

荆溪任啟運輯

邑後學吳兆慶纂註

族孫麟徵增註

明

凡十六主共二百七十七年起太祖洪武元年戊申終崇禎十七年甲申 增註 上世無所攷由布衣起兵滅元有天下建國號明以火德王都應天稱南京而以開封爲北京鳳陽爲中都其後成祖從燕號北京即今順天府也

明朱太祖神武英明 註 太祖姓朱名元璋濠州鍾離人 增註 今鳳陽府 父世珍母陳氏生四子帝最少兒時多病度爲僧年十七值旱疫父母兄相繼病歿托身皇覺寺後歸郭子興子興卒諸將奉爲吳國公尋稱王滅元即皇帝位都應天 增註 建元曰洪武 按帝始生父取水洗兒忽有紅羅來自上流取爲襁所居名紅羅幛自是室中常有異光 鐵冠道人張中字子華江西臨川人精數學謁上曰天下擾擾非命世之主未易

安也明公受命應在千日內上略定遠至妙山馮國用與弟國勝降上問計大馮曰金陵龍蟠虎踞帝王都也必先拔金陵定鼎然後掃除羣寇救生靈於水火勿貪子女玉帛倡仁義以收人心天下不難平也上悅

從龍濠右徐達遇春文忠鄧愈湯和沐英廖俞張趙桐城濟軍 註 一時豪傑景從倡大義於濠右起兵自和州渡江天完徐壽輝將陳友諒陷安慶太祖勵諸將督率舟師乘風泝流而上遂復安慶 徐達封魏國公中山王常遇春封開平王李文忠封曹國公鄧愈封衛國公湯和封中山侯沐英封西平侯廖永忠封德慶侯俞通海封虢國公張德勝趙德勝列侯 增註 帝初率師渡江馬皇后囑曰今豪傑並爭雖未知天命所歸以妾觀之惟以不嗜殺爲本人心所向即天命所歸也及即位后每日夫婦相保易君臣相保難有疾不藥帝勸之后曰妾疾不可爲若服藥不效陛下必殺醫者卒不服而崩

進克采石建都金陵 註 拔采石進克江寧改集慶路爲應

天府立宗廟社稷國號明建元洪武

胡薦劉宋章葉同徵註帝克處州胡惟庸薦青田劉基浦江宋濂遣使以書幣徵之又有薦龍泉章溢麗水葉琛亦徵之建禮賢館於建康後皆重用增註帝欲相楊憲憲素善劉基基力言不可曰憲有相才無相器夫宰相者持心如水以禮義爲權衡而已不與焉者也帝曰汪廣洋何如曰褊淺殆甚於憲又問胡惟庸曰譬之駕懼其僨轅也帝曰然則無逾先生曰基疾惡太甚又不耐繁劇爲之且孤上恩天下何患無才惟明主悉心求之目前諸人誠未見其可後三人皆敗如基言

康營田穀吳障江陰註命都督康茂才治屯田以給民食遣總兵官吳楨總江陰四衛軍出海至琉球大洋獲兵船獻俘京師

鄱陽鏖戰韓成代君註漢陳友諒圍洪都帝帥諸將討之大戰鄱陽湖帝屢困一日被圍帳下指揮韓成服上龍袍冠冕對賊衆投水圍乃解遂破友諒軍增註時有周顚性詭譎人莫之識見上必曰告太平上厭之令覆以甕積薪煅之火息起視顚正坐晏然征陳友諒問此行何如曰好上曰彼已稱帝今取之豈不難乎顚仰視良久曰上面無他的從行至皖城苦無風問顚顚曰只管行只管有風無膽不行便無風行不三里果大風倏忽達小姑山

既縶陳理遂俘士誠註賊見帝投水無鬭志帝揮諸將邀擊之友諒中流矢死其子理奔武昌自立帝自將伐之理降湖廣江西悉平　遣大將軍徐達副將軍常遇春伐平江克之獲張士誠以歸

湯廖南伐徐常北征註命征南將軍湯和下福建元平章陳友定死之又同副元帥廖永忠伐夏下重慶夏明昇降下廣東元何眞降　徐達常遇春帥師北定中原大破元兵于洛水北元梁王阿魯溫以河南降增註和晚年益

恭慎入聞國論一語不敢外泄媵妾百餘病後悉資遣
之所得賞賜分遺鄉曲當時公侯諸宿將先後麗法希
得免者獨和享壽考以功名終
卒年七十追封東甌王謚襄武

楊璟湖廣傅克階文【注】平江營陽侯楊璟克靖江路及降
兩江土司黃英岑伯顔等湖廣廣西悉平　前將軍傅
友德進白水江克綿竹至漢川欲以軍中消息達湯和
而山川懸隔乃以木牌數千書克階文綿州月日投江
順流而下蜀守者見之解體遂拔漢川

定禮正樂寛租恤刑【注】命儒臣徐一夔等修禮書曰大明
集禮　命詹同等作燕享九奏樂一曰本太初二曰仰
大明三曰民初生四曰品物亨五曰御六龍六曰克階
文七曰君德成八曰聖道成九曰樂清寧。洪武七年
九年十五年十八年屢赦民田租　帝以天鼓鳴日中

有黑子問劉基對曰雪霜之後必有陽春今國威已立
宜少濟以寛上以其書付史館【增注】詔衣冠如唐制
有罪忠臣妻妾沒
發教坊爲官妓此有明一代苛政非所以貽式穀培化
源也監察御史王朴性鯁直數與帝辨是非帝怒命
戮之及市召還曰汝其改乎對曰陛下不以臣爲不肖
擢官御史奈何摧辱至此使臣無罪安得戮之有罪又
安用生之臣今日願速死耳帝大怒趣命行刑過史館
大呼曰學士劉三吾志之某年某月日皇帝殺無罪御
史朴
也

桂陶吳宋文治彬彬【注】桂彥良陶安吳伯宗宋濂俱以文
學著政績卓然

辨姦寶訓貽厥子孫【注】命儒臣宋濂編集歷代奸臣事蹟
名曰辨姦錄分賜太子諸王

惜多猜忌政尚嚴疑【注】帝以布衣有天下疑忌功臣多行
誅戮嘗謂劉基曰元失天下以寛朕救之以猛平遙訓

史司中不屈以鐵帚刷其膚肉至盡而死又捶殺大理寺丞劉瑞御史連楹延頸受刃白氣沖天刑部郎中王高駙馬都尉梅殷松江同知周繼瑜吏部尚書張紞兵部侍郎張安國等【增註】誅戮忠臣慘刻特甚而即位後修德行政任賢去邪所謂逆取順守者歟景清偶儻尚大節成祖稱帝委蛇班行者久之一日早朝衣緋懷刃入先是日者奏異星赤色犯帝座甚急帝故疑清又獨著緋衣搜得所藏刃清奮起曰欲為故主報讎耳抄其村為瓜蔓抉清齒噀血御衣以鐵帚刷其肉肉盡罵已　胡閏死以石灰水浸脫其皮實以草懸武功坊女郡奴錄教坊爨墨于面不受辱二十一年釋歸鄉人斂錢養之五十六歲卒私謚曰貞姑　璟誠意伯次子也嘗至燕與王奕王曰不稍讓耶對曰不可讓者不敢讓也王歎然燕王兵起隨谷王歸京師獻十六策不聽歸青田帝王即位召之入京猶稱殿下且云百世後逃不得一篆字下獄自經死　城陷前一日良與胡廣解縉集吳溥舍縉陳說大義廣亦奮激良獨流涕不言三人去溥子與弼曰胡叔能死亦是大佳事溥曰不然獨王叔死耳語未畢隔牆聞廣呼家人謹視豚溥曰一豚尚不能舍肯舍生乎須臾良舍哭飲鴆死矣廣於建文時對策指摘親藩遂擢第一及成祖入首偕解縉迎附性縝密故始終保恩寵卒謚文穆文臣得謚自廣始

方陳鐵練十族遭刑【註】下文學博士方孝孺獄令草登極詔孝孺衰絰入悲慟聲徹殿陛授筆札孝孺投筆於地哭且罵復强之乃大書篡字磔于市誅其九族又以朋友門生廖鏞林嘉猷等為一族并誅之坐死者八百七十三人　禮部尚書陳迪被召謾罵不屈族誅　兵部尚書鐵鉉縛至背立廷中令一顧不可得磔之族誅　都御史練子寧被執語不遜斷舌燕王曰吾欲法周公耳探血書於地曰成王安在遂族誅姻黨連坐戍邊者百五十一人【增註】時奉化戴德彝被執嫂項氏知禍且赤族令盡室逵逃毀族譜藏德彝二子於山間收者至將項氏焚炙徧體卒無一言較諸方王諸公之攖禍其孰賢哉　剖鉉耳鼻爇其肉納鉉口中曰甘否鉉厲聲曰忠臣孝子之肉有何不甘以大鑊納油投其屍使朝上展轉向外令內侍以鐵棒十餘夾

前事爲戒於國家利弊政令未當者直言勿諱　賜諸臣銀圖書各一其文曰繩愆糾謬諭之曰凡政有闕失卿等言之而朕未從者悉用此印疏聞　楊士奇奏事上笑謂蹇義曰新華蓋來奏事必有理試共聽之士奇奏恩詔甫下而析薪司傳旨賦棗八十萬斤以供香炭數太多上即令減其半

宣德明決漢王親征【註】帝英明有決斷漢王高煦反帝親征之至樂安高煦降廢爲庶人尋殺之【增註】遺書曰張赦失國始於貫高淮南受誅成於伍被今六師壓境王即出倡謀者朕與王除過恩禮如初不然一戰成禽朕雖欲保全不可得矣　楊榮勸帝親征擒高煦繫於大內逍遙城一日帝視之煦伸一足勾帝仆地帝大怒命取銅缸覆之煦負缸而起乃積炭於缸上燒死之　宣德十年之間欽文昭武功德俱隆惟胡后以無子廢戴綸以諫獵死陳祚以勸御經筵囚不無遺憾焉　帝製猗蘭操賜大臣初曰蘭生幽谷兮曄曄其芳賢人在野兮其道則光嗟蘭之茂兮與衆草爲伍於乎賢人兮汝其予輔諭蹇義等曰薦賢爲國大臣之道卿等宜勉副朕懷　原吉有雅量嘗言處有事當如無事處大事當如小事若先自張皇則此中無主何能應事　漏下十二刻帝從四騎幸士奇宅士奇倉皇出迎頓首曰陛下奈何以宗廟社稷之身自輕帝曰朕思卿一言故來耳後數日獲

二盜有異謀帝謂士奇曰今而知卿之愛朕也　帝閱內庫書畫得元趙孟頫所繪豳風圖賦詩一章命侍臣書圖右而揭諸便殿之壁嘗夏日午朝退咏聶夷中荷鋤日當午句謂侍臣曰吾每誦此未嘗不念農人上謁獻陵還取耕者耒三推嘆曰朕三推耒已不勝勞況常事此者乎　爲防宦官滋弊令覆奏核實　有僧化緣修寺祝延聖壽上曰自古賢君皆享國綿遠秦政漢武求神仙梁武宋徽崇僧道效已見矣世人終不悟甚可怪也

三楊蹇夏金黃協心【註】大學士楊士奇有學行通國體卒諡文貞是爲西楊太子少傅大學士楊榮謀而能斷卒諡文敏是爲東楊翰林學士兼文淵閣大學士楊溥有雅操淳謹小心卒諡文定是爲南楊俱贈太師時號三楊少師吏部尚書蹇義少保戶部尚書夏原吉一時輔相旋至治平原吉有雅量與蹇義皆起家太祖時義秉銓政原吉筦度支皆二十七年時稱蹇夏夏諡忠靖蹇諡忠定戶部侍

在位十年崩太子祁鎮立是爲英宗建元正統

英宗正統首釋陳林 註 帝即位即釋江西巡按陳祚鬱林州知州林長楙之囚宣德六年以奏疏含諷籍其家逮獄婦女發浣衣局至是赦之復其官 增註 祚請講大學衍義宣宗怒曰汝以我爲未讀大學耶時拓西內皇城修離宮別館刑部主事郭循極諫帝怒命褁以氈至大內親詰之詞不屈帝射傷其顱血流被面下錦衣獄至是皆赦之

正統初任用三楊天下乂安皆仁宗后張太后功也初后召三楊入謂帝曰此皆先朝所簡以貽皇帝有事必與之計議而行又宣王振至太后色頓變曰汝侍皇帝無狀賜汝死帝跪爲之請后曰皇帝年幼豈知此輩誤人家國今姑免死不得再預國政及太后崩而生殺之權盡歸王振內治不修邊陲不守也先入寇土木之變其得免乎

初左右有請垂簾聽政者太后曰毋壞我祖宗法第罷不急務斥宮中玩好之物時時勗帝嚮學而已朝廷內政太后令悉送內閣俟楊士奇等議決然後行后兄彭城伯昶都督昇惟令朝朔望毋得與聞國政

柴車王驥西酋克平 註 二年韃靼阿及朵兒台只伯數寇甘涼邊將屢失利遣兵部左侍郎柴車兵部尚書王驥討之許便宜行事二人馳至軍大集兵於轅門問曩遇敵而退者誰咸曰都指揮安敬命引出斬之三軍股慄遂大閱將士分兵畫地使各自防禦俄阿台復入寇遂出塞轉戰千餘里馘酋長五十餘人降其部落窮追至黑泉朵兒只伯遠遁韃靼遂平

王振怙侈劉球慘刑 註 以宦者王振掌司禮監振狡黠多智帝寵任之呼爲王先生勢傾中外翰林院侍講劉球應詔言事疏入廷議欽天監正彭德清倚振爲奸公卿多趨謁球絕不與通德清怒摘疏中攬權語激振怒下球錦衣衛獄囑馬順殺之順深夜攜一小校持刀至球所球方卧起立大呼太祖太宗校斷其首血流被地體

郎兼文淵閣大學士金幼孜通政使兼武英殿大學士黃淮二人相得金諡文靖黃諡文簡

邵南顧北霜署風清 註 邵未詳 增註 邵旻員外郎　左都御史顧佐廉明有威政嘗奏其屬不肖者二十餘人 增註 佐入內直盧獨處小夾室非議政不與諸司羣坐人稱顧獨坐

曹端學正黃福陪京 註 澠池曹端爲山西霍州學正篤理學教人躬行實踐人稱月川先生　工部尚書黃福智慮深遠大學士楊士奇言福四朝舊臣不可令其奔走失優老敬賢之道帝曰非卿不聞此言吾嘗欲得一老成忠直之人處之南京根本之地緩急可倚今以命福士奇對曰福必不負陛下任使上即命吏部改福爲南京戶部尚書卒諡忠宣 增註 福至英宗時始卒歷事五朝安南使入朝或指福問曰識此大人否對曰南交草木亦知公名安得不識

惜其輕棄交趾開平 註 元年帝御文華殿諭諸臣曰近歲用兵交趾一方生靈荼毒已多中國之人疲於奔命因黎氏弒主虐民太宗不得已而伐之狥土人之請建郡縣置官屬非出本心欲如洪武永樂間使自爲一國歲奉常貢何如蹇義夏元吉對曰文皇帝二十年勳勞一旦棄之豈不上損威望楊榮言交趾上古在荒服外漢唐以來叛服不常喪師廢財不可殫述漢元帝罷珠厓前史稱之帝遂棄開平三年城獨石初大將軍常遇春克元上都設衛開平置八驛分東西守之嘗曰惟守開平則興和大寧遼東甘肅寧夏邊圉無虞已棄大寧而興和亦廢開平失援至是徙衛獨石蹙國三百里　帝

庶人太子泣諫乃徙封樂安帝以疾不視朝中外事悉啟太子處分太子往往裁抑宦侍黃儼等尤疏斥之儼等素厚趙王高燧造言上注意趙王指揮孟賢等糾合羽林衛指揮彭旭舉兵將推趙王爲主令高正僞造詔書付中官楊慶養子謀不利于上及皇太子正密告甥王瑜知之急入告上覽詔大怒命捕賊既悉得遂詔皇太子趙王及文武大臣御左順門親鞫之賢等皆伏誅并誅其黨　帝行兵至開平夢神人告之云天道好生如是者再乃旋師至榆木川而崩在位二十二年太子高熾立是爲仁宗建元洪熙增註初方孝孺獻計許燕世子燕地使千戸張安賫書世子得書不啟封遣人押安俱至王所時燕宦官黃儼附高煦即馳使告世子反王問煦煦曰世子固善太孫語未竟書至王啟視歎曰父子至親猶見離間況君臣乎　太祖鑄鐵牌懸於宮門曰宦官不得干預政事成祖委任宦寺首滅鐵牌

洪熙篤孝讒搆不行註初高煦謀奪嫡直文淵閣解縉稱皇長子仁孝天下歸心儲遂定增註仁宗監國垂二十年及登大位即出夏原吉於獄咨以國事且謂方孝孺等皆忠臣宜從寬典委任黃楊蹇義諸賢故洪熙之政希風三代惜甫朞晏駕享國不長　按原吉諫成祖北征下獄帝親臨繫所復原官

愛民求諫好學尊經註減租糧罷征役愛民如子大理寺少卿戈謙言事過激帝怒罷謙朝參未幾言事者益少下詔求直言復謙朝參直言弗諱皆納之置宏文閣選諸臣有學行者入直命學士楊溥掌閣事帝曰用卿等非止助益學問亦欲廣知民事聖賢經傳必尊而敬無敢少忽在位一年崩太子瞻基立是爲宣宗建元宣德

增註詔曰去冬無雪今春少雨陰陽愆和必有其咎朕於謙一時不能含容未嘗不自愧咎爾諸臣勿以

持之使北面燕王笑曰爾今日亦朝我耶油忽濺起內侍手皆爛屍仍反立如前王大驚命葬之

大寧棄地遷都北平【註】徙大寧都司於保定自是北邊失一重鎮至天順末大寧地遂爲朶顏三衛所有遼東宣府聲援隔絕諸國部落胥列門庭 營北京宮殿作帝都遷之

南定交趾北犁王庭【註】命副將軍張輔率師討交趾破之獲黎季犛及其子蒼送京師皆伏誅交趾平分十七府統諸州縣時交趾故官簡定僭號大越出沒化州山中交趾故名安南平後改復叛征之至答蘭納木兒河搜山谷三百餘里引還帝凡四出北庭三定南交 以北征詔天下自將擊韃靼大敗之於斡灘河本雅失里遁遂征阿魯台敗之阿魯台遣使奏馬哈木弑其本雅失里擅立答里巴爲可汗請發兵討之封阿魯台爲和寧王詔親征瓦剌大破之阿魯台遣使來朝馬哈木亦來朝阿魯台大敗瓦剌瓦剌來獻捷北地盡平【增註】解縉諫征交趾謂雖得之亦難於守又諫不宜過寵漢王下錦衣衛獄死宣德時交趾畔王反知縉之有先識又嘗疏論蹇義等十人才品上以示東宮日李至剛誕而附勢雖才不端朕已洞灼餘徐驗後仁宗出示楊士奇日人謂縉狂士觀所評論皆有定見

煦謀奪嫡黃楊獄廷【註】帝初起兵次子高煦從戰有功帝喜以爲類己自此謀奪嫡及議建儲武臣請立高煦文臣金忠不可上密詣參議解縉對曰立帝以長復問大學士黃淮亦如縉言乃立高熾爲太子高煦爲漢王封之雲南以遠怏怏不去改封青州又不行募兵縱使劫掠僭用天子車服上聞其不法狀召至褫衣冠將廢爲

猶植立支解之瘁獄戶下【增註】上閱武將臺命騎射以二矢為率駙馬都尉井源彎弓躍馬三發三中上喜賜尊酒觀者相謂曰往年王太監閱武紀廣升三級今萬乘閱武但一杯酒已耶振忌之竟不擢用

薛瑄陳李道義自尊【註】大理寺少卿薛瑄有學行人稱為薛夫子提學山東時以理學課士士風丕變王振問楊士奇有堪為京卿者否士奇以瑄對召居是職瑄至士奇使謁振瑄曰拜爵公朝謝恩私室吾不為也振銜之振養子山欲取故指揮女誣指揮妻毒殺夫處極刑瑄辨其冤三御之都御史王文承振指劾瑄下獄論死將刑振蒼頭泣于爨下問故曰薛夫子將刑也振感動乃免　南京國子監祭酒陳宗敬與北京國子監祭酒李時勉並有學行時稱南陳北李振詣國子監時勉不為屈振廉其過無所得時勉嘗芟彝倫堂樹旁枝遂坐以擅伐官樹枷于署門監生石大用李貴等三千餘人上疏救不納會太后父會昌侯孫忠生辰忠言公卿皆集獨李先生荷校不至太后言于帝釋之【增註】官者金英奉使過應天公卿皆餞於江上瑄獨不往英回言於朝曰南京好官惟薛卿耳　振至內閣謂士奇等曰朝廷事久勞公等公等皆高年倦矣當若何士奇曰老臣盡瘁報國死而後已楊榮曰不然吾輩衰殘無以效力專擇後生可任者報聖恩耳振退榮曰彼厭吾輩矣及此時進一二賢者同心輔政尚可為也士奇以為然翌日乃薦馬愉曹鼐苗衷高穀四人以進　陳宗敬至京振慕其名乃遺綵緞羊酒求書程子四箴希彼往謝敬走筆書之返其禮物竟不往見故十八年不得遷　初宣宗朝命校尉至獄縛時勉至罵曰爾觸忤先帝疏何語對曰臣言帝諒闇中不宜近妃嬪皇太子不宜遠左右數至六事帝止帝令書陳之對曰惶懼不能悉記帝曰是第難言耳草安在對曰焚之矣帝太息曰忠臣也立赦之按仁宗時御史李時勉條陳時政上怒命武士以金瓜擊之脇已斷其三曳出不能言未幾斷骨忽自接病一月而愈人謂忠誠所感

府迎至藩堂乘傳至京師則老僧也迎入大內號稱老佛以壽終葬之西山不封不樹在位四年燕王棣篡之改元永樂【增註】初四川岳池教諭程濟上書言北方有兵應在明年朝議以濟妄言召入將殺之濟曰且囚臣至期無兵殺未晚乃下獄及帝出亡濟從行遇險輒用術脫去後不知所終　建文遊蜀峨嵋山詩云登高不待東翹首但見雲從故國飛其在貴州金筑長官司題壁詩云風雲一日忽南侵天命潛移四海心鳳返丹山紅日遠龍歸滄海碧雲深紫微有象星還拱玉漏無聲水自沈遙想禁城今夜月六宮猶望翠華臨　其二　日閱罷楞嚴磬懶敲笑看黃屋寄雲標南來瘴癘千層迥北望天門萬里遙款段久忘飛鳳輦袈裟新換袞龍袍百官此日知何處惟有羣烏早晚朝　最後一律云牢落西南四十秋蕭蕭華髮已盈頭乾坤有恨家何在江漢無情水自流長樂宮中雲氣散朝元閣上雨聲愁新蒲細柳年年綠野老吞聲哭未休

成祖剛鷙屠戮忠臣【註】帝性喜殺戮篡位後殺兵部尚書齊泰太常寺卿黃子澄俱夷族戶部侍郎卓敬御史大夫景清夷三族刑部尚書侯泰左侍郎胡子昭暴昭戶部侍

郎郭任盧迥副都御史茅大方僉都御史周璿大理寺少卿胡閏太常寺少卿盧原哲左拾遺戴德彝給事中陳繼之韓永監察御史高翔甘霖董鏞葉希賢鄭公智謝昇王度戶部主事巨敬禮部侍郎黃魁宗人府經歷宋嶶盧振僉事林克猷蘇州知府姚善徽州知府陳彥回某州知府黃希范葉惠仲谷府長史劉璟遼府長史程通知州蔡運皆被執不屈死禮部侍郎黃觀太常寺少卿廖昇大理寺寺丞鄒瑾修撰王淑英編修王艮御史魏冕夷三族曾鳳韶衛府紀善周是修僉都御史程立本編修陳忠給事中龔泰葉福黃鉞御史林寧英丁志芳前御史鄒林郎中談翼主事徐子權按察使王良參政鄭居貞督府長史龍鐔都司斷事方法皆自殺又召見僉都御

曹國公李景隆代之及棣戰于鄭村壩敗績奔德州又與戰白溝河又敗再奔德州棣陷之御史劾景隆喪師宜誅不聽　都督盛庸參政鐵鉉敗棣兵于濟南又敗之于東昌及夾河帝貶齊黃官罷兵請和棣不奉詔遣李景隆等詣燕議不許復令谷王橞安王楹往不奉命遂犯京師屯金川門橞等守門登城望見棣麾蓋開門降【增註】謂景龍文武才燕王聞之曰李九江膏粱豎子耳使將五十萬是自坑之也後子澄拊膺曰大事去矣薦景隆誤國萬死不足贖罪奔蘇州齊泰奔廣德上太息曰事出若輩而今皆棄我去

披緇行遯程濟隨行【註】京師陷帝欲自裁程濟勸止適內官昇一紅篋至云太祖所遺囑臨大難當發四圍俱錮以鐵二鎖亦灌鐵帝見大慟急命發火焚大內皇后馬氏赴火死程濟碎篋得度牒三張一名應文一名應能一名應賢袈裟帽鞋剃刀俱備白金十錠朱書篋內應文從鬼門出餘從水關御溝行薄暮會于神樂觀之西房帝曰數也程濟遂為帝祝髮吳王教授楊應能願祝髮從亡監察御史葉希賢曰臣名賢亦宜祝髮各易衣披牒在殿凡五六十人痛哭仆地矢隨亡帝俱謝去獨九人從至鬼門一舟艤岸為神樂觀道士王昇見帝叩頭稱萬歲曰高皇帝賜夢令臣至此乃乘舟至太平門昇導至觀俄而應能希賢等至共二十二人兵部侍郎廖平言不可多人約定不離者三人應能希賢俱稱比丘濟稱道人往來道路更歷名勝永樂二年遊雲南十年三月應能卒四月希賢卒十八年冬帝入蜀程濟從天順中出自滇南呼寺僧曰我建文皇帝也僧以白官

導葉居昇劾帝分封太侈用刑太繁求治太速逮詔獄
死【增註】葉伯巨書畧曰先王之制大都不過三國之一今秦晉燕齊梁楚吳蜀諸國連城數十異時尾
大不掉然後削其地而奪之權則必生觖望願及諸王未之國之先預有以裁制之割一時之恩制萬世之利
莫先於此歷觀開國之君未有不以任德得民心任法失民心者今用刑多裁自聖衷治獄者趨承意旨深刻
者多功平反者獲罪雖刪定舊律減宥有差然宥寬宥之名未見寬宥之實所謂實者誠在上不在下也竊見
數年來誅殺亦不少矣而犯者相踵自今宜存大體赦小過昔者周自文王至成康教化大行漢自高帝至文
景始稱富庶致治之道固不可驟今陛下切切於民俗澆漓人不知懼乃至令下而尋改已赦而復收天下莫
知適從甚不稱陛下求治之心也

胡藍兩獄株連萬人【註】丞相胡惟庸謀逆誅御史大夫陳
寧都督李玉御史中丞涂節等坐死株連究詰指為胡
黨死者一萬五千人凉國公藍玉謀反誅夷三族併鶴
慶侯張翼普定侯陳桓景川侯曹震軸轤侯朱壽南庸

侯趙庸會寧侯張温瀋陽侯察罕都督黃恪蕭用吏部
尚書詹徽侍郎傅友文等凡功臣文武大吏及藍玉舊
部偏裨坐黨死者二萬人株連籍沒死徙者數百家元
功宿將相繼以盡　帝在位三十一年崩懿文太子早
卒太孫允炆立是為建文帝【增註】初太祖命咏新日懿文太子詩云昨夜嚴
陵失釣鉤何人移上碧雲頭雖然未得團圓相也有清光照九州建文詩云誰將玉指甲掐破碧天痕影落江
湖裡蛟龍不敢吞太祖覽之不悅劉三吾云主天下以嫡孫故以允炆繼統

建文仁懦制度紛更【註】帝性慈惠初立燕王來朝登陛不
拜御史劾王不敬勿問卓敬密奏燕王智慮過人酷類
先帝北平强悍金元所興宜徙封南昌以絕禍本帝大
驚曰燕王骨肉至親卿何得言遣之還國及靖難兵起
命將出征猶曰無使朕負殺叔父名　用方孝孺言內

外品官階勳悉做周禮更定【增註】又撰禮制頒行天下均無濟實事徒爲燕
王藉口耳　帝仁孝性成無幾微失德而不保厥終是
蓋天命在燕非帝有以致之也然燕王蓄志不軌既已
疑之及其來朝乃復縱之既縱之而又詔讓之及靖難
兵起又戒將士無使朕負殺叔父名則眞宋襄之仁也
　帝頭顱頗偏太祖嘗撫之曰半邊月兒時有道士歌
於途曰莫逐燕莫逐燕逐燕自高飛高飛上帝畿靖難
兵起御史昌隆上言比來章奏欲效周公輔成王今勢
急矣不若罷兵息戰縱欲遜位不失守藩否則求爲丹
徒布衣不可得不報後成祖閱其疏曰火燒頭早從此
言何至於此　方孝孺諱敗爲功濫加罰賞且曰長江
可當百萬兵江北船已燒盡北兵豈能飛渡郭彦博曰
殺建文者黃齊方三人也林宗鍔擬之趙高封德彝豈
苛論歟

齊黃議削周代齊岷【註】兵部尚書齊泰太常卿黃子澄謀削親藩以固根本時燕王屢有不臣之心泰曰燕握重兵宜先削之子澄曰不如先周翦燕之手足遂削周王橚爵并廢代王桂齊王榑岷王楩及周王皆爲庶人

湘柏焚死燕棣興兵【註】湘王柏造僞鈔又擅殺人執之湘王曰吾聞前代大臣下吏多自引決身是高皇帝之子豈能辱僕隸手求生活盡焚宮室美人乘馬執弓躍入火中死　逮燕府官校于諒周鐸等至京皆殺之削燕王棣爵逮其官屬謝貴張昺圍燕府第燕王佯病召僧道衍謀【增註】俗名姚廣孝　朱能曰先擒貴昺餘無能矣燕王稱疾愈使召貴昺付所逮者遂斬之下令安集軍民革建文年號仍稱洪武三十二年擧兵反號曰靖難【增註】言欲靖國之難也　尋陷薊州奪居庸關通州遵化永平密雲懷來守將皆叛【增註】朱能字士宏與張玉字士美皆燕府爪牙

耿李失律谷橞獻門【註】遣長興侯耿炳文爲征虜大將軍討燕及棣戰于滹沱河北敗績帝召還炳文黃子澄薦

國八十九年

【增註】世傳順帝爲宋恭帝㬎之子恭帝以
德祐丙子降元年六歲元封爲瀛國
公年十八尙公主元至元戊子遣學佛法於帝師遂居
沙漠至延祐丙辰仁宗遣明宗鎭雲南明宗逃之漠北
與瀛國公善行帳相近庚申一夕聞瀛公帳中有笙鏞
聲乃嬰兒始生而啼也明宗知其非常乞爲子公閩人
俞應有詩云皇宋第十六飛龍元朝降封瀛國公元君
詔公尙公主時蒙賜宴明光宮酒酣舒指爬金柱化爲
龍爪驚天容元君含笑語羣臣鳳雛寧與凡鳥同侍臣
獻謀將見除公主夜泣沾酥胸瀛公晨馳謁帝師大雄
門下參禪宗幸脫虎口走方外易名合尊沙漠中是時
明宗在沙漠締交合尊情頗濃合尊之妻夜生子明宗
隔帳聞笙鏞乞歸行營養爲子皇考崩時年甫童文宗
降詔移南海五年乃歸居九重壬癸乾林丙丁發西江
月下生涯終至今兒孫居沙漠吁嗟趙代何其雄惟昔
皇祖受周禪仁厚綽有三王風惟因浪子失中國世爲
君長傳無窮按壬癸元以水德旺丙丁謂宋以火德王
西江句順帝殂應昌時倉卒取西江寺櫟爲梓宮梁間
有字乃西江月一調末有龍蛇跨馬亂　如麻可汗節在
西江寺下之語相傳太保劉秉忠作也　順帝六年六
月詔曰昔武宗升遐太后惑於憸慝俾皇考出封雲南
英宗遇害我皇考以武宗之嫡逃居沙漠宗王大臣同
心翊戴于時以地近先迎文宗暫總幾務繼知天理人
倫所在假讓位之名以寶璽來上皇考推誠不疑立爲

皇太弟乃當恭迓之際與其臣月魯不花也里迓明里
董阿等謀爲不軌使我皇考飮恨上賓歸而再御宸極
又私圖傳子嫁禍於八不沙皇后謂朕非明宗子出居
遐陬上天不祐隨降隕罰叔嬸不答失里怙其勢燄舍
長嫡立次幼奄復不年諸臣以賢以長扶朕踐祚永惟
鞠育罔極之恩忍忘不共戴天之義其命太常撤去圖
帖睦爾在廟之主不答失里削去太皇太后之號徙東
安州安置燕帖古思放高麗賊臣月魯不花等已死其
以明里董阿明正典刑時監察御史崔敬言皇弟燕帖
古思年幼播遷人情有所不忍況先皇上賓皇弟尙在
襁褓未有知識義當矜憫伏望陛下
迎歸太后母子以盡骨肉之義不報

史要增註卷六終

喪師土木景泰即眞【註】北寇瓦剌也先入寇王振挾帝親征至土木擄去百官死者英國公張輔尚書鄺野王佐學士曹鼐張益數百人其倖免者蓬頭赤身而下踰山墮谷連日饑餓始得達闕太后命帝弟郕王監國即位尊帝爲太上皇建元景泰帝攝朝諸臣請族誅王振振黨馬順叱之給事王竑廷擊順衆隨之爭捶順死朝班大亂兵部尚書于謙請允其請振族無少長皆斬籍其家得金銀六十餘庫玉盤百珊瑚高六七尺者五十株他珠玩不可勝算【增註】初也先貢馬振減其値使者恚而去也先遂大舉入寇振挾帝親征大將朱勇膝行聽命進至大同振益欲北鎮守太監郭敬以敵勢告始懼班師振初議道紫荊關由蔚州邀帝幸其家既恐蹂鄉稼乃改道宣府鄺埜請疾趨入關嚴兵爲殿振怒曰腐儒安知兵事叱左右扶出及發宣府也先兵襲軍後吳克忠及弟克勤禦戰死之後軍潰散畧盡成國公朱勇永順伯薛綬帥師四萬往救全

軍俱殁次日至土木去懷來僅二十里衆欲入保振輜重未至留待之人馬飢渴虜分道由旁近口入圍御營師大潰帝下馬據地坐敵擁之去左衞將軍樊忠以持鎚擊振曰吾爲天下殺此賊因躍馬戰死

宣府亨信大同郭登【註】也先以帝入營擁至宣府傳諭守將羅亨信等開門出迎城上人曰所守皆陛下城池日暮不敢奉詔復擁至大同索金幣都督郭登謀奪駕入城不果也先遂擁帝北行未幾入寇登數擊敗之【增註】大同壁壘蕭條登慷慨奮厲修城堞繕器械拊循士卒弔死問傷曰吾誓與此城存亡不令諸軍獨死也初至卒堪戰者纔數百馬百餘匹不數年馬萬五千精卒數萬大同兵遂爲天下最

于謙戮力社稷以寧【註】帝北行時京師疲卒羸馬不滿十萬人心洶洶羣臣聚哭於朝議戰守侍讀徐珵請南遷兵部尚書于謙曰欲遷者可斬京師天下根本一動則大事去矣獨不見宋南渡事乎請速召勤王兵誓以死

守繕兵甲修戰具分兵九門列營郭外軍旅臣請當之
守議遂定謙提督各營軍馬乜先入犯謙擊却之又遣
重臣守宣府大同爲京師藩籬數以輕騎挫其勁敵乜
先氣沮遣使請和下兵部議于謙曰乜先與中國有不
共戴天之仇和則背君父而違大義于理不可乜先貪
而多詐萬一和議成則彼有無厭之求非分之請從之
不可違之速變于勢不可若能大修武備相機戰守使
彼欲不得逞上皇必還遂戮其謀主喜寧又因諜用間
乜先遂有意歸上皇遣使通欵【增註】謙字廷益錢塘人乜先以送上皇爲名入紫金關京城戒嚴敵呼京城爲黃裏呼大人爲那顏上在虜廷未嘗少降辭色乜先以妹進上上曰焉有萬乘之君而爲胡壻耶卻之則拂其情乃慰之曰爾妹朕固納之但不當爲野合待朕還以禮聘之又選胡女數人薦寢復卻之曰留待他日爲爾妹從嫁乜先益服威德鞭衆每夕見上所御帳上有火光若有黃龍交盤其上

楊善奉使北駕回輪【註】時脫脫不花普化可汗亦遣使議和命左都御史楊善往報至乜先營乜先曰敕書何以無奉迎語善曰此欲成太師令名使自爲之若載之敕書是迫於朝命非太師誠心也乜先喜遂設宴餞上皇上皇行乜先送數十里遣其知院率兵護送而自與衆伏地羅拜慟哭去上皇將抵居庸帝令禮部議具奉迎禮傳旨以一輿二馬羣臣言禮薄宜遵唐肅宗迎上皇故事帝不從上皇至自東安門入帝迎上皇居南宮百官入朝謁時景泰元年八月也【增註】王直等議遣使奉迎帝不懌曰吾非貪此位而卿等強樹焉今復作紛紜何于謙從容言曰天位已定寧復有他顧理當奉迎萬一彼果懷詐我有辭矣帝意始釋千戶龔遂榮與翰林學士高穀言上皇之出非遊畋無益爲宗社計耳都人聞駕還無不喜則

人心大可見也今日奉迎禮當從厚上宜避位懇辭而後受命乃可不然恐千載史書難洗穀袖其書示廷臣曰武夫尚知此況儒生乎王直曰此禮失而求之野耳陳循見之恚甚言遂榮非分請治其罪下獄會赦免

沂王被廢章鍾死爭〔註〕二年帝廢故太子見深爲沂王立子見濟爲太子羣臣莫敢言廣西土官黃竑以事懼罪上疏議建儲太監安興贊成之汪后言儲不可易帝不從未幾見濟死禮部郎中章綸監察御史鍾同請復立沂王爲太子帝震怒執綸同下詔獄大理寺少卿廖莊復言之廷杖謫驛丞左右言事由同倡帝乃封巨梃就獄中杖殺之綸長繫英宗復辟釋之遷禮部侍郎同贈大理寺丞官其子啟知縣莊亦復官〔增註〕景泰將易儲偶語宦者金英曰七月二日東宮生日也英曰東宮生日乃十一月二日帝默然按景帝坐猶未暖乜先捲土重來幸內臣金英王安鎮靜于內于謙捍禦于外敵亦惟剽掠是利無爭王競帝之心萬一乜先如劉聰吳乞買者則上皇幾同懷慰與嶶欽矣沂王被廢在刑餘之人猶記東宮生日而滿朝之太保尚書豈充耳耶時宦省任人選取美秩故有滿朝皆太保一部兩尚書之謠

南宮七載徐石奪門天順復辟威福下行〔註〕上皇於景泰元年八月還京居南宮至八年巳七載矣景帝不豫廷臣請立太子不報時將南郊帝輿疾齋宮召武清侯石亨攝祀事亨知帝病不起與都督張軏等謀迎上皇復位告右都御史徐有貞初名珵有貞大喜覽乾象曰時至矣時夜四鼓天色晦冥亨薄南宮城毀垣入挾上皇登輿忽星月交輝上皇顧問卿等爲誰各對某某至東華門門者拒弗納上皇曰朕太上皇帝也遂入至奉天門陞座時百官以帝視朝咸待漏闕下忽聞南城呼譟震地咸失色須臾鳴鐘鼓有貞出號于衆曰太上皇帝

復位矣趨入賀百官震駭入謁朝賀帝復位詔改景泰八年為天順元年廢景帝為郕王歸西內革景泰年號復立沂王為太子以有貞入內閣封石亨忠國公有貞武功伯（尋戍金齒為民）下于謙王文等於獄都御史蕭維禎定讞奏上帝猶豫曰于謙實有功有貞曰不殺謙此舉為無名乃殺之籍其家戍陳循江淵於鐵嶺衛斥蕭鎡商輅為民謙死之日陰霾四翳天下冤之後憲宗初謙子冕訟冤復官兵部尚書賜祭塟謚忠肅【增註】欽天監奏除景泰年號上曰朕有所不忍仍舊書之按天順八年何與正統相逕庭耶蓋前以未諳世故履明夷之危後以險阻備嘗成精明之治惕厲警心生其智慧萬國臣民實嘉賴之　石亨等誣于謙王文因景帝疾謀立外藩下大理獄文力辨謙笑曰彼死我耳何須多言遂令于謙社稷之臣冤沈東市　詔復王振原官塑像祀之本朝乾隆七年御史沈廷芳仁和縣人奏崇文門內智化寺明英宗為逆閹王振營造李賢撰碑稱振豐功大節諛

奄亂道觀者髮指乞飭所司毀像仆碑並將御祭碑移瘞他所旨如所請

岳正直廢李賢得君【註】翰林院修撰岳正在內閣負氣敢言時石亨等恣甚正請裁抑之亨怒搆蜚語誣之謫欽州同知尋繫詔獄杖戍肅州及憲宗嗣位始召還復其官　大學士李賢言聽計從每遇災異極陳無隱卒謚文達

克誅曹石追悼建文【註】太監曹吉祥以復辟功見寵封其姪欽為昭武伯勢傾中外言官劾其不法命逯杲治之遂謀逆懷慶伯孫鏜討之吉祥欽等皆伏誅信國公石亨以奪門功弟姪家人冒功錦衣者五十餘人部曲親故竄名奪門籍得官者四千餘人兩京大臣斥逐殆盡中外將帥多出其門所請期于必允帝不能堪法司劾

亨謀不軌罷亨朝參遂杲復劾之乃下獄死　建文少子文圭成祖幽之于成都號爲建庶人帝憐其無罪釋之卽鳳陽賜室宇奴婢月給薪米聽婚娶出入初繫時方二歲至是已五十七出見牛馬亦不能識

后妃定分止殉稱仁【註】孫太后崩錢后爲帝言宣宗后胡氏賢而見廢其沒也人畏孫太后殮葬不如禮勸帝復其位號帝問大學士李賢對曰陛下此心天地鬼神實臨之臣請以陵寢享殿及神主俱宜如奉天殿式帝從之　帝在位十四年沒於乜先中間景泰七年奪門復位又八年崩遺詔罷宮妾殉葬太子見深立是爲憲宗建元成化【增註】止殉一節識高千古洵三代後大德事也帝嘗與賢言及奪門迎駕功賢曰迎駕則可奪門二字何以示後景帝不諱天命人心皆歸陛下門何必奪且內府之門又何可奪幸陛下無禍得成其事使當日景帝左右先知亨等何足惜不審置陛下於何地帝曰然彼時何以自解此輩非爲社稷計直貪目前富貴耳

賢相成化羅諍奪情【註】大學士李賢南陽人爲相尊聖后放宮人多所匡益賢父卒令馳驛歸葬詔奪情賢乞終制不許及還京修撰羅倫詣賢沮之不聽倫疏劾賢曰宋仁宗起復富弼孝宗起復劉珙二人皆不從綱常倫理所關甚大上惡其妄謫福建市舶司副提擧後因大學士商輅請召還復官【增註】賢請復于謙官且襲其子冕爲千戸謚忠肅　賢謚文達每遇災變必與同官極諫常言內帑餘財不以恤荒濟軍則人主必生侈心而用之於土木禱祠聲色所薦引年富軒輗耿九疇王竑李秉程信姚夔等皆爲名臣

章黃莊杲四諫齊名【註】三年十二月帝以明年上元張燈命詞臣譔詩詞進奉翰林院編修章懋黃仲昭檢討莊

昺同疏諫帝怒杖之謫懋仲昭知縣昺通判時以懋等
與羅倫爲翰林四諫【增註】疏曰今川廣未靖遼左多虞三楚豫章亦地千里正陛下宵旰焦勞之日不宜更耽宴樂至翰林以論思爲職宣宗皇帝御製翰林箴曰啟沃之言惟義與仁堯舜之道鄒魯以陳張燈豈堯舜之道詩詞非仁義之言乞停止煙火移此觀聽以明目達聰省此資財以賑飢恤困則災祲可消太平可致

錢后別葬彭時固爭【註】慈懿太后錢氏崩帝召大臣議大
學士彭時曰合葬裕陵主祔廟定禮也翌日又問時對
如前帝曰朕豈不知慮他日妨母后耳時言今安厝於
左而虛右以待將來則兩全其美矣漢文帝尊薄太后
而呂后仍葬長陵宋仁宗追尊李宸妃而章獻劉后仍
祔太廟下羣臣議皆如時言帝以爲乖禮違親廷臣並
上疏諫伏哭東華門外自巳至申不退乃許之時卒謚

文憲【增註】憲宗周貴妃所生貴妃以錢后無子不得稱太后彭時李賢議兩宮同尊加錢后慈懿二字以別嫡庶

郕王尊謚商輅贊成【註】初郕王薨謚曰戾荊門訓導高瑤
上言請追加廟號章下廷議久不決御史楊守隨亦請
改謚大學士商輅極言當復帝號乃上尊謚曰恭仁康
定景皇帝【增註】略曰正統己巳之變先帝北狩宗社危如一髮使非郕王繼統國有長君禍亂何由平鑾輿何由返六七年間海宇寧謐厥功不小迨先帝復辟貪天功者遂加厚誣使不得正其終節惠躋祀宗稱典禮望追加廟號以盡親親之恩左庶子黎淳言昌邑既廢不聞復爲漢某帝更始既廢不聞復爲漢某王瑤此言是誣先帝爲不明陷陛下於不孝此必有小人主之者不然彼草茅疏遠安敢妄言帝曰景泰往事朕未嘗介意淳欲獻媚希恩耶切責之下廷議大學士商輅極言當復乃下詔曰朕叔郕王踐祚戡亂保邦奸臣讒構請去帝號先帝尋知枉誣深懷悔恨以次抵諸奸於法不幸上賓未及舉正朕敦念親親用成先志郕王可仍舊皇帝號上尊謚曰恭仁康定景皇帝令所司修飾陵寢

項平滿四韓克大藤【註】石城酋滿四戻衆至數萬遣副都御史項忠討之天寒甚士卒頗困忠慮寇乘凍渡河與套寇合日夜治攻具身當矢石擒滿四至京師伏誅守臣奏猺賊殘毀廣東又越湖廣江右乞選將征兵部尚書王竑薦韓雍大破猺于大藤峽賊平

傑安唐鄧俊築榆林【註】荊襄流民聚衆爲亂國子祭酒周洪謨上言當增置州郡聽附籍爲編氓可實襄鄧戸口帝善之命副都御史原傑出撫傑徧歴山溪宣朝廷德意流民附籍乃大會湖廣河南陝西撫按官籍之得戸十一萬三千有奇口四十三萬八千有奇流民始定寇數入邊兵部尚書白圭請罷延綏巡撫王鋭推陝西布政使余子俊代之子俊徙鎭榆林增兵益衛攻守畢備先是孤城每爲寇擾今成重鎭寇患漸稀軍民得安耕牧

彭韶純正王恕忠貞【註】外戚周彧與眞定武強民爭田詔刑部郎中彭韶往勘韶至田所徑還奏曰田本民有豈可以民田給貴戚重傷國本下韶錦衣衛獄科道交章救乃釋韶先以論都御史張岐倖進下獄至是復下獄直聲振一時 南京兵部尚書王恕先後應詔陳言凡五十餘上皆力阻權倖天下慕之謠曰兩京十二部獨有一王恕其諫傳奉官尤切帝怒罷之後卒謚端肅【增】【註】時有妖書圖本所進凡百十種右都御史李寅奏請榜示天下使咸知其謬妄善哉寅足爲萬世福也不然異說蔓延害將何底哉

王竑剛勁林俊忠誠【註】兵部尚書王竑敢言事巡撫江淮

時値大飢死者相枕籍竑不待奏報大發倉儲米一百六十餘萬賑之全活無算帝得奏大言曰好都御史不然飢死我民矣

刑部員外郎林俊以梁芳繼曉費財害民上疏極諫杖三十降雲南姚官判官卒諡貞肅【增補】帝欲殺林俊宦者懷恩諫曰我祖宗朝大開言路今欲殺諫臣將失天下心臣不敢奉詔帝怒以硯擲之懷恩免冠號泣乃免之

汪直西廠兩鉞倖兵【註】初永樂時置東廠尚銘領之帝置西廠命太監汪直領之令直提督官校刺事直本大藤峽猺種幼入禁中寵倖斥逐大臣殆盡一日小中官阿丑于帝前作醉者嫚罵狀一人佯曰某官至罵如故曰駕至亦如故曰汪太監來則驚迫或問故曰吾知有汪太監不知有天子時威寧伯王鉞遼東巡撫陳越媚直結爲死黨阿丑復作直持雙斧趨而前行問故帝曰吾仗王陳兩鉞耳帝稍悟會東廠尚銘得罪於直懼乃盡發王鉞交通不法事適御史徐鏞劾直帝遂斥直鉞遼去【增註】商輅率同官上言陛下委聽斷於直直又寄耳目於群小擅作威福虐賊善良陛下若謂擿奸禁亂爲有益則前此數年何以帖然無事且曹欽之變由逯杲刺事激成可爲明鑒自直用事卿大夫不安其職商賈不安於途庶民不安於業若不亟正天下安危未可知也帝慍曰用一內豎何遽危天下輅正色曰朝臣無大小有罪皆請旨逮問直擅抄没三品以上京官大同宣府邊城要害守備俄頃不可缺直一日械數人南京祖宗根本地直擅敢捕留守大臣諸近侍在帝左右直輒易置直不去天下安得不危兵部尚書項忠亦倡九卿劾之帝不得已命直歸御馬監後因御史戴縉媚直頌直功德遂詔復開西廠

梁芳繼曉佞佛殃民【註】內官梁芳薦僧錄司繼曉尊爲左善世【增註】江夏僧因進秘術封國師後伏誅　發內庫銀數十萬毀民居建大鎮國永昌寺人民怨望【增註】帝以李孜省僧繼曉爲耳目孜省江西人

以符水得幸受密令訪百官賢否　吏科給事中李俊上疏言今之弊政最大且急者近幸干紀也大臣不職也爵賞太濫也工役過也進獻無厭煩也流亡未復也天變之來率由於此

萬安劉吉黨惡逢君〔註〕少師萬安無學術既柄用日以結納諸閹為事時萬貴妃寵冠後宮安因內使致殷勤自稱子姪得備知宮中動靜持政二十年一無匡救孝宗立於宮得疏一小篋皆論房中術末署曰臣安進上令太監懷恩持至閣曰此豈大臣所為耶安伏地不能出聲言官劾其罪令恩就安所讀之安數起跪求哀無去志恩直前摘其牙牌曰可去矣始惶懼乞休年已七十餘在途猶望三台星冀復用　少傅劉吉多智字祐之博野人屢劾屢升時呼為劉棉花以其愈彈愈起也秉政幾二十年一無救正時謠曰紙糊二閣老泥塑六尚書

鄒智抗疏謫於石城〔註〕庶吉士鄒智劾萬安等皆小人宜速退劉吉嫉之囑御史魏璋劾智妖言罪死王恕上疏極諫乃謫智石城吏目〔增註〕按成化之化所以不成者杜塞言路一也委任宦官二也信崇僧道三也向非阿丑以詼諧詭諫則黑眚如狸如犬噬人不知其幾許矣黑眚者天上有物如貍如犬其行如風能傷人應汪直攬權之逆

時有儒學獻章居仁〔註〕廣東舉人陳獻章究心理學以布政彭韶薦授檢討乞終養人稱白沙先生從祀文廟江西處士胡居仁學以忠信為本以力行為要　帝在位二十三年崩太子祐樘立是為孝宗建元弘治〔增註〕孝宗母紀氏賀縣人本土官女征蠻俘入掖庭警敏通文字命守內藏時萬貴妃專寵後宮有娠者皆墮之帝偶行內藏妃應對稱旨幸之遂有娠萬妃恚甚命婢鈎治之婢謬報曰病痞乃謫居安樂堂久之生子使門監張敏

謝馬敏驚曰上未有子奈何棄之因哺之密室一日帝
召張敏櫛髮照鏡歎曰老將至而無子敏伏地曰萬歲
已有子帝愕然敏叩頭曰奴言即死萬歲當爲皇子主
於是太監懷恩稽首曰敏言是皇子潛養西內今已六
歲匿不敢聞耳帝喜即日幸西內遣使迎皇子紀妃抱
皇子泣曰兒去吾不得生兒見黃袍有鬚者即兒父也
衣以小緋袍乘小輿擁至階下髮披地走投帝懷帝置
之膝撫視良久悲喜泣下曰我子也類我命懷恩赴內
閣道其事商輅曰當降勑禮部以定名爲辭於是廷臣
相率稱賀帝即令皇子出見廷臣越數日帝問閣臣曰
皇子將何以處之輅頓首曰陛下踐祚十年儲副未立
天下引領久矣帝頷之遂定名祐樘頒詔中外時孝肅
皇太后居仁壽宮語帝曰以兒付我一日貴妃召太子
食太后戒之曰兒去無食也太子至貴妃治食曰已飯
進羹曰疑有毒貴妃曰是兒數歲即如是他日魚肉我
矣因恚成疾 有老奄覃吉者旦夕侍太子口授四書
章句及古今政要帝賜太子莊田勸勿受曰天下皆太
子有也太子偶從內侍讀佛經吉入急手孝經端本正
始吉有力焉 中官郭鏞請豫選妃嬪以廣儲嗣謝遷
上言山陵之工未畢諒闇之痛猶新此必宦豎巧爲讒
詞以動陛下非本心也陛下富於春秋俟祥禫
之後徐議未晚願亟寢前命庶不遠而復從之

孝任邱濬大夏文升謝遷劉健徐溥喬新戴珊劉珝倪岳

秦紘韓文許進內外安寧 孝宗所任者若少保武英殿
大學士邱濬每舉漢唐宋中衰以訓戒卒謚文莊兵部
尚書劉大夏以河決張秋築長隄起胙城歷東明長垣
抵徐州亘三百六十里水大治嘗犯顏直諫陳兵政十
弊帝皆嘉納卒謚忠宣吏部尚書馬文升提督團營嚴
整諸將黜貪懦三十餘人西北部不敢窺塞下趙風子
反圍鄧州聞馬尚書家在城中解圍而去帝初耕耤田
教坊以雜伎進厲色曰新天子當知稼穡艱難豈宜以
此亂聽斥去之卒謚端肅吏部尚書武英殿大學士謝
遷學術純正秉節直亮與劉健李東陽三人同心秉政
時人語曰李公謀劉公斷謝公尤侃侃卒謚文正少師
吏部尚書華蓋殿大學士劉健處事善斷多所匡正正

色率下人比之司馬光文彥博卒謚文靖吏部尚書華蓋殿大學士徐溥字時用宜興人性凝重有度在政府十二年屢遇大獄及逮繫言官委曲調護保全善類諫撰三清樂章及伐安南帝用嘉納承劉吉恣威福以報私怨之後政不必出於己惟其當用人不必由於己惟其賢有休休有容之度焉受知於商文毅于忠肅拔士得王守溪錢鶴灘皆一代偉人也卒謚文靖南京刑部尚書何喬新執法不回爲萬安劉吉所忌借遷南京以避之中官懷恩詣閣正色曰新君宜用正人何爲出何公以王恕薦復用卒謚文定左都御史戴珊執法不阿臨事而懼卒謚恭肅戶部尚書謹身殿大學士劉珝以李孜省左道惑衆力爭之邪謀得沮卒贈太保謚文和

吏部尚書倪岳定祧廟禮應古祫祭之制時稱其當卒謚文毅戶部尚書秦紘廉直忠信卒謚襄毅南京兵部尚書韓文遇事能言卒謚忠定吏部尚書許進謹慎小心卒謚襄毅【增注】初紘爲兩廣總督劾總兵官柳景貪暴不法景連姻周太后家有奥援反訐紘被逮時方議討後山賊紘治軍事畢從容就道儀衞騶從不貶損旣踰嶺因服就繫謂官校曰兩廣蠻夷雜處揔制尊遽就拘執恐損國威旣踰嶺眞囚矣人服其得體後爲南京戶部尚書

夢陽應詔茂仁陳情【注】戶部主事李夢陽指斥貴戚皇母金夫人與壽寧侯張鶴齡日在帝前泣訴下詔獄旣而釋之　山西副使楊茂仁性猛烈上疏曰官多則民擾治河既委劉大夏又差太監李興平江伯陳銳事權分而財力匱合敕將興銳回水陰也其應爲內官爲外寇宜戒飭后戚防禦邊患興等切齒誣茂仁妖言逮繫科

道論救謫長沙府同知【增注】獄詞上帝批令夢陽復職中外歡呼至德如天地

上在東宮天下已傳其德登極之歲適與太祖相符海宇稱慶賜劉大夏戴珊白金二錠曰文官避嫌有閉門不與人接者如卿二人雖開門幷容謁敢以賄進弘治十八年間臣民仰戴洵一德一心之嘉會也且與張后琴瑟專一終身鮮御嬪妃尤爲一古今罕有故掩其瑕取其瑜有明終以孝皇爲一代之賢君也

優柔寬裕冠於有明【註】帝優以御下柔以化民寬以待士裕以惠衆仁孝謙恭冠於一代在位十八年崩太子厚照立是爲武宗改元正德

武寵劉瑾寘鐇叛興【註】東宮舊竪劉瑾寵倖專權掌司禮監惟所欲爲中外震駭斥逐故舊杖謫言官慶府安化寘鐇反【增注】慶靖王之曾孫也傳檄討瑾詔右都御史總制三邊楊一清往游擊將軍仇鉞以一清將至用計襲執寘鐇并其子台溍送至京師伏誅【增注】瑾與馬永成谷大用魏彬張永邱聚

高鳳羅祥等八人用事時人謂之八黨戶部尙書韓文首劾瑾不聽遂致仕乘一驢宿野店而去時李東陽爲相不能與瑾忤人謂之伴食中書瑾每奏事必偵帝戲弄時帝厭之亟麾去曰吾用若何事乃溷我自此遂專決不復自每於私第批答章奏辭率鄙冗吏部尙書焦芳無學行深結瑾因潤色之時劉健謝遷俱去位李東陽餞之泣下健正色曰何用哭爲使當日出一言則爾我同去矣有士人投以詩云才名直與斗山齊伴食中書日又西回首湘江春水綠鷓鴣啼罷子規啼以刺之

一清定計二難克平【註】一清西征寘鐇太監張永爲監軍一清知永與瑾有隙因深與交結請共誅瑾乃因獻俘帝置酒勞永永乘間奏瑾不法事上猶豫未決永曰少遲奴輩虀粉矣上遂命禁軍執瑾籍其家金數百萬珠玉寶玩無算扇藏利匕二帝大怒曰奴果反因磔於市怨家爭啖其肉凡附瑾者盡竄逐朝署爲清褐卒謚文襄

彬寧羣小導上微行〔註〕平虜伯江彬結義子錢寧攘權數導上微行言宣府多美婦人且可觀邊釁帝喜急裝微服往彬等先爲鎮國府第輩豹房珍玩實其中彬數從帝夜入人家索婦女帝大樂之自稱總督軍務威武大將軍總兵官賜彬等以國姓並封伯又自加鎮國公太師三至宣府大學士楊廷和等極諫不聽〔增註〕寧字鎮安幼賣於太監錢能爲家奴曲事劉瑾得幸於帝因賜姓名刺自稱皇庶子　近臣言京師軍不習戰陣調宣大兵入衛於是邊將江彬等得幸　帝於佛經梵語無不通曉鑄大慶法王西天覺道圓明自在大定慧佛金印自稱法王其後習韃靼語自名忽必烈習回回語自名妙吉敖爛習番僧語自名領古班丹

梁儲作相危而不傾〔註〕帝欲自稱朱壽巡邊命少保武英殿大學士梁儲草敕儲不允以手劍逼之儲曰以臣名君死不敢奉命帝乃止又欲徧觀宇內閣臣九卿疏諫不聽時江西寧王久蓄異謀王祖寧靖王犯法已革護衛至是請復中外懼翰林及部屬官舒芬等一百八十餘人皆以死諫受杖貶斥死者陸震等十餘人時京師陰霾晝晦人情震駭災異屢見〔增註〕南海子不了橋高四尺鐵柱七根齊折如斬　先是福州三衛軍人進貴等作亂兵部尚書王瓊知宸濠必反謂主事應典曰進貴亂事小不足煩王守仁但假此便宜敕書在彼手中以待他變可也乃具題隨降勅令守仁查福建亂軍故江西守臣皆遇害惟守仁以往勘福建出

宸濠再叛守仁克擒〔註〕寧王宸濠自復護衛聞帝南幸率其旗校反都御史王守仁方奉命勘事聞變即傳檄討之擒宸濠并其黨捷音至京師帝已下詔南征漁于積水池有疾還京崩於豹房在位十六年無嗣迎憲宗孫興獻王子厚熜于安陸藩府入正大統建元嘉靖是爲

世宗守仁卒諡文成【增註】宸濠妃婁氏泣諫不聽而反守仁初爲御史以劾劉瑾杖而謫爲驛丞瑾敗復用爲南贛巡撫聞亂起兵平之濠數日昔紂以用婦人言而亡我以不用婦人言而亡婁妃赴水死守仁求其屍葬之 按濠欲舉事召鎭巡三司入濠立露台大言曰太后有密旨令起兵入朝都御史孫燧曰密旨安在濠曰不必多言汝保駕往南京否燧張目直視曰天無二日太祖法制在誰則敢違濠大怒令縛之按察副使許逵大呼曰都御史朝廷大臣反賊敢擅殺耶顧燧曰我欲先發不聽今制於人尙何言濠喝校尉曳出惠民門外斬之遂反守仁檄府縣兵進勦賊衆鼓譟進官兵死者數百吉安知府伍文定急斬先卻者以徇自立砲銃間火焚其鬚不移足士殊死戰濠爲萬安知縣王冕所獲見守仁呼曰王先生我欲盡削護衛請降爲庶民可乎守仁曰有國法在遂頓首不言

嘉靖入繼議禮紛紜【註】命禮部會議興獻王稱號內閣楊廷和尙書毛澄書定陶王宋濮王故事授之曰是可爲據稱孝宗爲皇考興獻王爲皇叔父妃曰皇叔母議上帝不懌曰父母若是互易耶其再議廷和等偕蔣冕毛

紀上言舜不得並崇瞽瞍漢世祖不追崇南頓君惟陛下取法二君毛澄亦會廷臣再三執奏俱留中不發【增註】致漢綏和二年五月尊定陶太后傅氏曰定陶共皇太后丁姬曰定陶共皇后追尊共王爲定陶共皇至建平二年詔共皇去定陶之號立廟京師從杜業董宏言也據此則定陶實不得與宋濮王同例澄等一時謬引耳員外方獻夫疏曰宋仁宗無子孝宗有武宗爲子不同一也宋仁宗育英宗於宮中世宗未嘗育於孝宗不同二也宋濮王有衆子獻王止一子其不同三也即就民間承繼而論必其無子而後繼之必其有衆子而後出爲人繼今孝宗固有子也乃復強爲之繼一不通也武宗無子乃不思所以繼之二不通也獻王止一子乃欲背而之他三不通也由前則三不同由後則三不通此事明甚而舉朝昧昧者何哉若謂孝宗深仁厚澤不宜乏嗣不知無嗣者武宗非孝宗也又謂昭聖迎立之恩不可不事之爲母不知迎立公也以母報之私矣是繼統不繼嗣一語名正言順而無如一時廷僚均不悟也 按太廟者承統之地皇而不廟者有異稱宗者繼統之名皇而不廟者亦殊懿文得爲康皇帝獻王亦稱景皇帝故不入廟則地不偪不稱宗則名不嫌世宗尊爲天子必使之不皇其父奸孰甚焉至追封獻王爲睿宗於理未順此殆當時貢諛諸臣希旨迎合以成

之也

張桂稱旨何楊受刑【註】觀政進士張璁疏言廷議欲考孝宗叔興獻王此拘漢定陶宋濮王故事耳興獻王惟陛下一人利天下而爲人後將毋自絶其後乎今陛下以倫敘當立非爲孝宗後也稱皇叔母則當以君臣見子可以臣母乎南京刑部主事桂蕚亦言陛下入繼大統非爲人後當考興獻帝母興國太后帝方拒廷和乃手詔內閣尊父爲興獻皇帝母興獻皇后廷和等持不可封還手詔上言漢宣帝繼孝昭後追史皇孫王夫人曰悼考悼后而已今加皇字是忘所後而重本生任私恩而棄大義御史陳昌等百五十人皆言稱皇非是毛澄請稱興獻王爲興獻帝王妃蔣氏爲興獻后俱不報特

命張璁桂蕚爲翰林院學士學士豐熙等皆不願與璁蕚同列乞罷歸翰署爲之一空吏部右侍郎何孟春姚夔率百官伏哭東華門修撰楊愼會羣僚伏左順門有大呼高皇帝孝宗皇帝者帝命中官諭之退不聽帝怒執學士豐熙張翀御史余翱郎中余寬黃德顯陶滋相世芳大理寺丞毋德純八人下獄楊愼等乃撼門大哭衆皆哭聲震闕廷帝大怒盡逮何孟春等二百二十人首者戍邊四品以上奪俸五品以下予杖杖死編修王相等一十八人

旣定三禮主敬作箴【註】上改孝宗稱皇伯考尊興獻王與妃爲皇帝皇后張璁著大禮或問大禮集議上之蕚上正大禮璁請彙爲全書備載大臣進退百官譴謫以志

陛下之明斷書成帝自製序文名曰明倫大典頒天下
削大學士楊廷和籍斥吏部侍郎何孟春等爲民改張
璁名曰孚敬進少師謹身殿進蕚少保武英殿帝製敬
一箴示羣臣與獻皇帝廟號睿宗祔太廟【增註】己丑河南災巡
撫潘塤不發賑反歸罪知府范鏓給事蔡京劾之詔永
不敘用時大理評事林希元上荒政叢言曰救荒有二
難得人難審戶難有三便極貧便賑米次貧便賑錢稍
貧便賑貸有六急垂死之民急饘粥疾病之民急醫藥
病起之民急湯水已死之民急埋葬遺棄小兒急收養
輕重繫囚急寬恤有三權權借官錢以糴糴權興工作
以助賑權貸牛種以通變有六禁禁侵漁禁壞盜禁過
糴禁擡價禁宰牛禁度僧有三戒戒遲緩戒拘文戒遣
佚上以其切實
詔如議而行
晚信方士嚴嵩媚君【註】帝以道士邵元節爲尚書封眞人
班二品加陶仲文少師一品眞人仍兼傅保封恭城伯
營大享殿大高元殿作雷壇建醮工費以億萬計帝自

號長生聖智帝君　武英殿大學士嚴嵩撰青辭媚上
【增註】醮壇祝文
竊權罔利帝迷于方士悉委任之【增註】明兼領三
孤惟仲文一人戶部主事海瑞上疏切諫帝怒甚抵
疏於地已而復取讀之疏竟留中他日撻宮婢婢相謂
日皇帝受詈海瑞乃洩忿於吾儕也帝乃傳
旨海瑞毀君廷杖六十然終不忍殺之也
讒殺曾銑河套永淪【註】三邊總制曾銑請復河套帝壯之
下部議不決大學士夏言議河套不可失保薦曾銑鎭
守帝命銑總督軍務往鎭之嵩不悅會俺答與寇入犯
嵩奏銑開邊釁言和同附會以悞國總兵仇鸞阿嵩誣
銑尅取軍糧倡議復套失律冒功斬銑於市妻子流二
千里并殺言以仇鸞統兵守邊衛由是河套淪失邊患
以起後諡銑襄愍諡言忠愍【增註】言致仕抵通州聞銑所坐大驚墮車曰噫
吾死矣上疏訟寃言鸞方在繫嚴嵩與崔元輩詐爲鸞
疏以傾臣嵩靜言庸違似共工謙恭下士似王莽奸巧

弄權父子濟惡似司馬懿臣生死係嵩掌握惟聖慈曲賜保全帝不省

東倭北鄙蹂躪靡寧【註】時東北國邊境日尋干戈

三楊二沈忠憤莫伸【註】帝用方士言諭廷臣令太子監國舉朝愕不敢言太僕寺卿楊最抗疏極諫下詔獄杖殺之後謚忠節帝經年不視朝日事齋醮元日微雪嵩作頌稱賀監察御史楊爵上疏諫帝震怒下獄榜掠血肉狼藉死而復蘇主事周天佐御史浦鋐疏救亦下獄死兵部員外郎楊繼盛初諫馬市劾仇鸞廷杖見嵩父子竊弄國柄上疏劾其五奸十大罪嵩怒搆於帝杖一百下獄論死會張經李天寵以邊事縱賄坐大辟嵩揣帝必殺二人因附繼盛名於經後以奏斬西市其妻張氏上書請代夫死詞極哀痛嵩屏不上錦衣經歷沈鍊劾嵩父子奸貪十大罪拷掠戍鍊于保定鍊縛草爲三人象李林甫秦檜嚴嵩醉則聚子弟攢射之嵩聞竄鍊名于白蓮教中上之斬于宣府子襄褒戍極邊尋杖殺之大同總兵周尙文屢立邊功卒其家奏求卹典不報給事中沈東疏爲請卹語侵嵩杖東下獄長繫【增註】疏略曰互市者和親別名也俺答蹂躪我陵寢虔劉我赤子不能報而反與市失威重長寇仇甚矣今說者曰吾外假馬市羈縻之而內得修武備夫海內豪傑爭磨厲待試不及時激發其氣而和以自弛何備之能修俺答往歲深入乘我無備故也備之一歲以互市終彼謂國有人乎互市既開彼或負約不至至矣或謀伏兵突入或以下馬索上值將何以拒之凡此釁端百出其害易見蓋有爲陛下主其事者故廷臣莫敢言惟陛下獨斷

鄒林再疏奸黨用懲【註】嵩晚年青辭多假他手不工失帝歡御史鄒應龍論嵩植黨蔽賢父子濟惡帝罷其相下其子工部侍郎世蕃于獄戍之邊并其客羅龍文等擢

應龍通政使參議世蕃戍雷州未至私返巡按御史林潤發其罪大學士徐階以獄詞俱言殺沈鍊楊繼盛事不合乃改通倭貪賂跡上之遂棄市籍其家珍寶踰天府嵩歸後六年寄食于養濟院以死　帝在位四十五年崩三子裕王載垕立是爲穆宗建元隆慶增註獄詞成世蕃謂其黨曰無恐獄且解刑部尚書黃光昇等以獄詞白徐階階曰諸公欲生之乎夫楊沈之獄嵩皆巧取上旨今顯及之是彰上過也如是諸君且不測嚴公子歎段出都門矣改削其草令疾書奏之世蕃聞誆曰死矣

隆慶卹忠徐階當國註少傅東閣大學士徐階草遺詔召用建言諸臣死者卹錄罷一切齋醮工作及政令不便者論方士罪錄用先朝樊深等三十一人釋海瑞于獄復楊繼盛等四人職賜諡贈廕諭祭復廷杖楊最等一十二人職亦贈廕復戍邊唐冑等二十七人職并卹錄

罷黜熊浹等

孫植鐵人海瑞淸直註南京刑部尙書孫植操守廉潔魏國公徐鵬擧庶子邦寧之母有寵欲奪長子邦瑞公爵事聞下植按問植奏邦寧越法干紀坐鄭氏娶于適夫人存日誥命宜奪上可其奏　南京右都御史海瑞劾帝薄於父子君臣夫婦不如漢文帝大怒責其詈主毀君杖六十下詔獄穆宗嗣位釋之當官力矯惰偷墨吏望風解印去及卒士大夫醵金爲斂百姓罷市送者數百里不絶諡忠介　帝在位六年崩太子翊鈞卽位是爲神宗建元萬歷增註瑞上言陛下卽位初年敬一箴心冠履分辨天下欣然望治未久而妄念牽之謬謂長生可得一意修玄二十餘年不視朝政法紀弛矣數行捐納名器濫矣二王不相見人以爲薄於父子以猜嫌誹謗戮辱臣下人以爲薄於君臣樂西苑而不返人以爲薄於夫婦吏貪官橫民不聊

生水旱無時盜賊滋熾陛下試思今日天下爲何如乎古者人君有過賴臣工匡弼今乃修齋建醮相率進香仙桃天藥同詞表賀建宮築室則將作盡力經營購香市寶則度支差求四出陛下誤舉之而諸臣誤順之諂諛孰甚焉自古聖賢垂訓未聞有所謂長生之說陛下師事陶仲文仲文則既死矣彼不長生陛下何獨求之誠一旦翻然悔悟日御正朝與諸臣講求天下利病洗數十年之積誤使諸臣亦得自洗數十年阿君之恥此在陛下一振作間而已帝大怒抵之地趣左右執之無使遁宦官黃錦在側曰聞此人上疏時市一棺訣妻子待罪於朝童僕亦奔散無留者是不遁也帝默然時有巨蛇六足如雞距曰肥蟦牛羊產人石灰溝天鼓鳴有犬形者羣吠有聲蜻蜓蔽空如飈輪異鼠千萬成羣銜尾渡江而南穴處食苗　太后訓上曰爾一身爲天地神人主務節飲食慎起居依從老成勸諫不可溺愛衽席任用匪人以遺我憂雖虞舜大孝不過如此

萬歷幼沖居正擅國【註】帝時年十歲以大學士張居正江陵人知經筵事居正秉政權綱獨攬

高拱罷歸趙吳杖斥【註】居正陷大學士高拱與太監馮保令一無鬚男子衣蟒如宦者狀趨走張皇侍衛執之下

東廠問其名曰王大臣保令家人納刃于其袖中與太監陳洪謀大逆發緹騎圍高拱第械其奴居正詰主使吏部尚書楊博左都御史葛守禮詣居正力解方緩其獄博使校尉怵大臣吐實曰自馮保來語加大臣刑大臣呼曰許我富貴何刑也且我何處識高閣老保懼以生漆瘖大臣付法司斬拱得自奪職歸　居正父卒戶部侍郎李幼孜倡奪情議太監馮保留之于是留者相繼編修吳中行檢討趙用賢等交章爭坐杖戍侍郎于慎行等疏救不納【增註】按萬歷元年王大臣執刃趨乾清宮四十一年王日乾訐奏孔學大類妖書四十三年張差持梃闖慈寧宮俱不得究所由來宮幃三事可知萬歷始終矣

法尚申韓中外慄慄江陵既亡君臣悠忽【註】居正輔帝專尚刑名自江陵亡後帝日事逸樂不見羣臣三十有六

年章奏都不檢閣案積如山紀綱日壞宵小秉國實爲
喪亡所由【增註】居正當國十年興利除弊善革君心多所補救而性奢靡仇私怨如用步輿害高拱之類故身後不免於籍沒　初上十歲卽位卽御書八字賜居正曰爾惟舟楫爾惟鹽梅居正不奔喪艾穆等劾其貪位忘親居正怒宗伯馬自強曲爲解居正跪而撚馬鬚曰公饒我公饒我學士王錫爵亦言之居正舉手索刃作刎頸狀曰爾殺我爾殺我此宋室嵩之所未有也

朝鮮喪兵貽譏遠國【註】倭寇陷朝鮮詔以宋應昌經略備
之總兵李如松往救官軍喪失以僉都御史楊鎬經略
朝鮮鎬與總督邢玠總兵麻貴攻之前後死者二萬人
自倭主平秀吉亂朝鮮七載喪師數十萬糜餉數十萬

高淮楊榮礦稅騷繹【註】畿內奸民慫恿中官多言礦利大
學士申時行力持不可至是承寧夏朝鮮用兵之後國
用大匱前衞千戸仲春請開礦助工帝允之遣中官高

淮楊榮等數十人爲稅使各省增設蔓延遍天下天津
店租廣州珠監兩淮餘鹽浙江福建廣東市舶成都茶
鹽重慶名木湖口長江船稅荊州店稅寶坻魚葦及門
攤商稅等都邑關津中使碁布爪牙肆毒刦奪殺人有
司稍忤其意刻卽逮治中外諸臣疏諫數千百疏不聽
民不聊生變亂蠭起【增註】鳳陽巡撫李三才疏言陛下愛珠玉民亦慕溫飽陛下愛子孫民亦戀妻孥近日章奏凡及礦稅悉置不省此宗社存亡所係一旦衆畔土崩小民皆爲敵國陛下卽黃金盈箱明珠填屋誰爲守之不報時或廷臣直言指斥亦不罪于慎行稱帝寬大吏部尚書宋纁曰言官極論得失要使人主動心縱罪及言官上意猶有所儆省槪置勿問則如痿痺不可療矣帝忽有疾召見沈一貫諭以罷礦稅及諸弊政翌日帝瘳悔之追還前諭時司禮監田義力爭而中使已持前諭至後義見一貫唾曰相公稍持之礦稅撤矣何怯也　兵科給事中熊明遇上言今內庫太實外庫太虛可憂一餉臣乏餉邊臣開邊可憂二套部圖王插部覬賞可憂三黃河泛濫運河膠淤可憂四齊苦荒天楚苦索地可憂五鼎鉉不備棟梁

常撓可憂六羣譁盈衢訛言載道可憂七吳民喜亂冠屨倒置可憂八八憂未已五漸繼之太阿之柄漸付中涓魁壘之人漸如隕籜制科之法漸成奸藪武庫之器漸至銷亡商旅之徒漸至梗塞五漸未已三無繼之匹夫可熒惑天子小校可濫邀絲綸是朝廷無紀綱滇黔之守令皆竄途揚粤之監司多規避是遠方無吏治讒搆之口甚於戈戟傾危之禍慘於蘇張是士大夫無人心天下事可不寒心哉

鎬陷劉杜北關喪役（註）逆東經略楊鎬統兵出塞天大雪師不前總兵官杜松敗遁劉綎深入三百里歿于陣文武將吏死者三百一十餘員軍士死者四萬五千八百餘人報至京師大震詔下鎬獄以熊廷弼代之

顧李東林湯顧黨敵（註）吏部文選郎中顧憲成會推閣臣舉王家屏忤旨削籍歸無錫故有東林書院爲宋儒楊時講學處憲成偕同志鳳翔巡撫李三才講學其中是爲黨議之始時祭酒湯賓尹諭德顧天峻號召朋徒干

預時政謂之宣崑黨又开師教等爲齊黨官應震等爲楚黨姚宗文等爲浙黨宣崑齊楚三黨日以攻擊東林爲事（增註）東林始於萬歷間顧憲成倡之至天啟時垂五十年忠賢矯旨逮東林黨人殺戮削奪殆盡王錫爵嘗謂憲成日當今之最可怪者廟堂之是非天下必欲反之顧日我見天下之是非廟堂必欲反之耳

光宗東宮張差梃擊（註）太子常洛時居慈寧宮有不知姓名男子持梃擊傷守門監入宮被執太子以聞命法司按問先後鞫奏犯名張差中外方疑鄭貴妃與其弟國泰謀危太子及差執舉朝驚駭刑部提牢主事王之寀脅令吐實詞連內監劉成龐保皆貴妃親侍于是廷臣交章言禍生肘腋急宜翦除不報給事中何士晉直攻國泰且侵貴妃帝諭妃自爲計妃乞哀太子明無他意

太子請帝速具獄帝召羣臣入諭解之磔張差掠死成保于禁中　帝在位四十八年崩太子常洛立是爲光宗建元泰昌【增註】初宮中得無名帖言東宮不得已而立故從官不備即屬他日改易之意帝大怒命廠衛搜緝朝臣互相攻訐多及無辜最後順天府黜生皦生光性險賊曾詐鄭貴妃弟國泰之金及妖書事發廷訊生光生光歎曰朝廷得我而結案如一移諸公何處求生遂誣服磔於市其實出於武英殿中書舍人趙士禎之手後士禎疾篤自言其事肉碎落如磔云　帝召百官入內問太子曰爾有何言對諸臣說太子曰似此瘋顛之人決了便罷何必再生議論帝從之事遂寢　按光宗十三歲時謝幼安講巧言亂德問曰何以謂之亂德上曰變亂是非又問擇可勞而勞句曰所謂不輕用民力也

可灼紅丸泰昌一月【註】上不豫召醫官陳璽視脈內醫崔文昇下通利藥一劑一晝夜三四十起科臣楊漣劾文昇用藥無狀帝疾甚召諸臣于乾清宮命封李選侍爲皇貴妃選侍趣皇長子出欲封后帝不應帝問有鴻臚

寺官進藥者安在閣臣方從哲曰寺丞李可灼自云仙方命宣至可灼立進紅丸帝服訖氣稍平稱忠臣者再復進一丸明日帝崩會議可灼遣戍文昇遣南京從哲自請削奪　帝在位一月崩長子由校即位是爲熹宗建元天啓【增註】懷宗登極御便殿聞香煙心動叱令毀之勿復進因歎曰皇考皇兄皆爲此誤也

選侍移宮天啓爰立【註】楊漣等念皇子無嫡母生母時年方十五李選侍嘗邀封后非所以重付託議移宮爭不決至登極諸臣立宮門請乃移宮【增註】三大案梃擊紅丸移宮　時河清麟鳳見臨漳縣漳河西畔平地風起閃出黃白色物大如斗龍細龜形方各四寸厚三寸重百餘斤篆曰受命于天既壽永昌想爲大淸兆也

化貞喪遼并殺廷弼【註】廣寧巡撫王化貞守河西與遼東

經略熊廷弼素不合化貞敗盡失河西之地御史梁夢環劾廷弼盜軍費十七萬帝怒并殺廷弼傳首九邊籍其家

魏客擅權緹騎四出【註】賜太監魏進忠名忠賢印曰顧命元臣乳母客氏曰奉聖夫人委以國事忠賢與客氏通恣行威福有不合者即發緹騎逮治逮給事魏大中過吳吏部周順昌哭送之忠賢聞捏旨逮順昌於蘇州爲市民顏佩韋等擊死詔斬顏佩韋等五人于蘇【增註】當時大權悉歸忠賢內豎自王體乾以下三十餘人爲左右護衛外廷文臣則崔呈秀田吉吳純夫李夔龍倪文煥主謀議號五虎武臣則田爾耕許顯純孫雲鶴楊寰崔應元主殺戮號五彪又吏部尙書周應秋太僕卿曹欽程等號十狗

楊左諸賢同時殞歿【註】逮左都御史楊漣【增註】漣劾忠賢二十四大罪故也諡忠烈僉都御史左光斗諡忠毅給事中魏大中諡忠節御史袁化中諡忠愍太僕寺少卿周朝瑞諡忠毅陝西副使顧大章諡裕愍吏部員外郎周順昌諡忠介蘇松巡撫周啓元諡忠惠諭德繆昌期諡文貞御史李應昇諡忠毅周宗建諡忠毅黃尊素諡忠端忠賢俱誣以受熊廷弼賍銀五日一比皆掠死禁中前左都御史高攀龍聞緹騎將至自沈於池諡忠獻削吏部尙書趙南星侍郎陳于廷等籍東林黨人榜示天下遍立忠賢祠于各省封公稱九千歲監生陸萬齡請以忠賢配孔子帝在位七年崩無嗣立信王由檢熹宗弟是爲莊烈帝建元崇禎【增註】倪元璐疏云主梃擊者力護東宮爭梃擊者計安神祖主紅丸者仗義之言爭紅丸者原心之論主移宮者彌慢于幾先爭移宮者持平於事後六者各有其是未可偏非自忠賢亂政

作三朝要典翻三案以陷楊左諸賢爲一網打盡之計禍羣賢則借三案進小人則又借三案天啟七年間瑺惡謟天則國脉傷元氣盡矣故亡明者罪在熹宗不在懷宗也　副都御史楊鶴上言自大兵大役加派頻仍小民之元氣傷遼左黔蜀喪師失律封疆之元氣傷縉紳搆黨彼此相傾逆奄乘之誅鋤善類士大夫之元氣傷譬如重病初起道在培養時以爲名言　維時獨福建無忠賢祠宇以繼善不肯獻媚故也　后訴客魏惡于帝前后有娠客氏墮之帝由是乏嗣

崇禎入繼克誅閹逆【註】嘉興貢生錢嘉徵疏列忠賢十大罪廷臣亦交章劾之遂誅忠賢及客氏并其子侯國興籍其家詔逆案臣工以七等定罪崔呈秀爲忠賢乾兒子所爲皆呈秀所教帝并誅之【增註】劉宗周言陛下求治太急用法太嚴布令太煩進退天下士太輕故有人而無人之用　帝英明儉約自信即入登大位首除閹逆天下快之惜無知人之明所用温體仁周延儒楊嗣昌皆所謂亡國之臣也一二蹇蹇諤諤如黃道周劉宗周數與帝爭辨反目爲倖罷去之盈廷聚訟曾無捍禦之策然身殉社稷且曰任賊分裂朕尸勿傷百姓一人嗚呼亡國之正末有如明者拘不愧爲高皇帝子孫矣

流寇蔓延身殉社稷【註】流賊李自成張獻忠等蔓延天下又值頻年洊飢無賊之處爭相爲盜甲申三月十九日李自成陷京師上同太監王承恩登萬壽山望烽火燭天回乾清宮歎曰苦我民耳以太子永王定王分送外戚語皇后曰大事去矣各自爲計后自經召公主至歎曰爾何生我家揮刃斷左臂手慄而止又刃所御妃嬪數人少頃易服持三眼鎗御前殿鳴鐘集百官無一至者歎曰朕非亡國之君臣皆亡國之臣也仍回南宮登萬壽山之壽皇亭自經而崩上披髮御藍衣跣左足右朱履衣前書曰朕薄德菲躬上干天怒然皆諸臣之誤朕也朕死無面目見祖宗地下去朕冠冕以髮覆面任

賊分裂朕尸勿傷百姓一人承恩對縊大學士范景文赴龍泉巷井中死倪元璐自縊李邦華自經于文丞相祠帝在位十七年崩明亡【增註】時盧忠烈爲宣大總督屢破賊賊號之曰盧拚命戰沒爲楊嗣昌所格卹典不行嗣昌死乃旌名象昇字建斗宜興人　自成初爲闖王高迎祥將迎祥死襲號闖王　太監曹化淳啟彰義門迎闖賊入后周奎女泣拜帝曰妾侍陛下十七年卒無一言見聽以至於此　俗傳自成爲蛇精獻忠爲龜精陝撫汪喬年發自成祖墓內燈火熒熒一金蛇飛入斬之相傳其穴爲仙人所定曰鐵燈不滅李氏當興云成都東門外有鎖江橋橋畔一迴瀾塔萬歷中布政余一龍修獻忠破蜀登塔惡見城池宮闕因毁之掘地得一碑文篆云修塔余一龍拆塔張獻忠歲逢甲乙丙此地血流紅妖運終川北毒氣播川東吹簫不用竹一箭貫當胸漢炎興元年丞相諸葛孔明記沅州銅仁寺掘出一碑有二行字云東也流西也流流到天南有盡頭張也敗李也敗敗出一個好世界羅公山有玄帝廟自成單騎登山伏謁若有物壓之不能起有村民疑爲劫盜取所荷鍤擊之死獻其首於湖廣總督何騰蛟　初賊移檄遠近有云君非甚閭孤立而揚寵偏多臣盡行私比黨而公忠絕少賄通宮府朝廷之威福日移利入戚紳閭左之脂膏盡竭公族皆食肉紈袴而寄以腹心宦官本吃糠犬豚而委以軍旅又云獄囚纍纍士無報禮之心征歛重重民有皆亡之痛周鍾獻賊表云視湯武而無慚德比堯舜而多戰功自成入大內分宮嬪於牛金星等費宮人年十六投眢井賊鉤出之費給曰我長公主也不得無禮自成命內官審之非是賞部校一隻虎羅賊復給之曰我實天潢之裔義難苟合惟將軍擇吉成禮賊喜置酒費俟二賊醉抽刀斷其喉因自刎自成大驚命葬之拔張李二賊千黃巢而萬張角十餘年草菅人命螻蟻不如傾覆明社殘破宮闕倘不蒙天朝德威雷轟電擊則二祖列宗之隱恨百千萬億之寃骸怨何由洩賴我皇王爲有明蕩妖舒憤誠再造生靈之地天者也

當時僭位宏光淫佚隆武僭閩魯王僭浙永歷廣川終於敗滅【註】大臣史可法等迎神宗孫常洵子福王由崧立于南都號宏光荒淫無道任用馬士英阮大鉞以亡總兵鄭鴻逵立太祖七世孫端王孫聿鍵于福建福州號隆武山西僉事鄭子尹子謙同張國維等立魯王于浙江紹興府大臣瞿式耜繼奉神宗孫桂王由榔立于廣東

號永歷福建舊臣蘇觀生等立隆武弟唐王聿鐭于廣川號紹武

綜覽史編存亡具列用賢者興用佞者滅愛民者昌虐民者絕百世可知覩茲往轍永命所祈天曰惟大德大淸定鼎與天無極

史要增註卷七終

跋

先君子甫弱冠與任先生安上交嘗手鈔其家藏釣臺宗丞所撰史要一書每謂纂言紀事約而能賅實初學稽古之助輒詳攷其本末以爲之註通籍後屢膺文衡重任未暇卒業迨讀禮南旋自喜得致力於此乃不數載而竟賫志以終慶每覽遺藁嗚咽不能已舟車南北藏諸行篋中者忽忽已十年矣歲甲戌兩淮鹾使阿公奉命校刊全唐文俾慶襄其事因以暇日取二十三史一一排纂閱兩載而成自知譾陋未能爲作者功臣亦藉以竟先人未竟之志云爾吳兆慶敬跋

跋

吾族世居荆溪之篠里釣臺宗丞稱爲任氏望其覃精經史歷有年所故侍郎黄公諱叔琳主江南鄉試歸語人曰人但以榜中有狀頭爲滿意耳余得三人焉曰任啟運陳祖范徐文靖其學皆醇而博時雍正元年也迨十一年成進士入詞林歷官至宗人府府丞直上書房十餘年純皇帝御賜扁額曰理學第一誠異數也今攷其遺書著有周易洗心九卷宮室考十三卷肆獻祼饋食禮三卷四書約旨十九卷獨儀禮一經久成絶學宗丞公勾稽簡潔條理秩然精覈足與鄭註相參其說易觀象玩詞所闡經理尤臻心得書目詳國史儒林傳久已膾炙人口又有清芬樓遺稾藏於家咸豐庚申遭兵燹板均燬焉是編史要七卷敘唐人蒙求例始盤古迄有明序事幾萬幾千年爲言幾百幾十有幾比事屬詞緯以聲韻初學者讀史之近功陳序之言洵不誣矣鄉先達吳石亭學士嘗手鈔是書而爲之註嗣因銜命衡文未遑卒業其哲嗣小亭茂才續成之并付諸梓以廣其傳歲戊辰徵客游晉陽購之舊書肆中辛未南旋詢邑父老都茫然不知噫史要刋於嘉慶丁丑冬距今纔六十餘年吉光片羽僅有存焉則知浩劫之餘凡先人手澤卓卓可傳而終於湮沒者何可勝數獨宗丞公史要也歟哉舌耕餘暇輒取歷代史書或摘論斷或采事實或節疏奏務與本文相發明於史事有關係其原註悉仍其舊不欲沒前人美也辛巳孟冬朔族孫麟徵跋于廣陵寓齋

图书在版编目（CIP）数据

增注史要/（清）任启运辑撰．—北京：中国书店，2008.3
ISBN 978－7－80568－381－2

Ⅰ．增…　Ⅱ．任…　Ⅲ．中国－古代史－普及读物
Ⅳ．K220.9

中国版本图书馆 CIP 数据核字（2008）第 012679 号

中國書店藏版古籍叢刊

增注史要　一函四册

作者　清·任啓運 輯撰　清·吴兆庆 纂注　清·任麟徵 增注
出版　中國書店
地址　北京市宣武區琉璃廠東街一一五號
郵編　一〇〇〇五〇
發行　全國新華書店經銷
印刷　北京大興古籍印刷廠
版次　二〇〇八年三月
書號　ISBN 978-7-80568-381-2/I·92
定價　九〇〇元